Dr. Michael Bohne

Klopfen gegen Lampenfieber

Sicher vortragen, auftreten, präsentieren

Energetische Psychologie praktisch

Rowohlt Taschenbuch Verlag

Hinweis:

Dieses Buch informiert über eine neue Stressreduktions- bzw. Psychotherapietechnik, die Energetische Psychologie, deren Stärke u. a. darin liegt, dass sie auch als Selbsthilfetechnik genutzt werden kann. Die beschriebenen Übungen haben sich in der Praxis als sicher und effektiv bewährt. Natürlich kann es immer passieren, dass das Klopfen nicht wirkt, da man bei der Selbstanwendung etwas nicht bedacht hat, man sich nicht auf den für das belastende Thema relevanten Aspekt eingeschwungen hat oder da eine vielschichtigere Problematik vorliegt, bei der die Klopftechnik als Selbsthilfeverfahren nicht mehr wirkt.

Wer mittels der beschriebenen Klopftechniken eigene Anliegen behandelt, tut dies natürlich auf eigene Verantwortung hin. Autor und Verlag beabsichtigen nicht, individuelle Diagnosen zu stellen oder dezidierte Therapieempfehlungen zu geben. Die hier beschriebenen Techniken und Übungen sind nicht als Ersatz für eine professionelle Behandlung bei gesundheitlichen Problemen oder größeren psychischen Störungen zu verstehen, sondern sollen es ermöglichen, erste eigene Anwendungserfahrungen mit den Klopftechniken zu machen.

Wer professionell Patienten oder Klienten mittels der Energetischen Psychologie behandeln möchte, sollte sich trotz der bisweilen einfach anmutenden Techniken unbedingt darin von einem erfahrenen Ausbilder schulen lassen.

Widmung:

Meinen Lehrern und Förderern gewidmet, ohne die ich nicht das wäre, was ich bin.

3. Auflage Mai 2011

Energetische Psychologie praktisch
Herausgegeben von Dr. Michael Bohne

Originalausgabe · Veröffentlicht im Rowohlt Taschenbuch Verlag, Reinbek bei Hamburg, Mai 2008 · Copyright © 2008 by Rowohlt Verlag GmbH, Reinbek bei Hamburg · Lektorat Bernd Gottwald · Umschlaggestaltung ZERO Werbeagentur, München · (Fotonachweis: mauritius images; Titel-Illustration: Marcus Zimmermann) · Foto des Autors Jan Engelking · Illustrationen Marcus Zimmermann, deluzi, Berlin, www.deluzi.de · Satz Quadraat (InDesign) bei Pinkuin Satz und Datentechnik, Berlin · Druck und Bindung CPI – Clausen & Bosse, Leck · Printed in Germany · ISBN 978 3 499 62372 1

Inhalt

Gebrauchsanweisung 7

Kapitel 1 – Volkskrankheit Lampenfieber? 9
- Lampenfieber ist keine Krankheit 9
- Lampenfieber zwischen Entwicklungschance und Risiko 17
- Gute Chancen trotz Anspannung 26
- Lampenfieber versus Auftrittsängste 33
- Erfolgswissen 37

Kapitel 2 – Klopfen gegen Lampenfieber 43
- Bedeutung des emotionalen Selbstmanagements bei öffentlichen Auftritten 44
- Die 8 Schritte des emotionalen Selbstmanagements 48
- Kurzform des emotionalen Selbstmanagements 61
- Praktisches Wohlfühlwissen 63
- Strategien zur Steigerung des Wohlgefühls 66
- Wenn der Erfolg sich nicht gleich einstellt 71

Kapitel 3 – Das Selbstwertgefühl – Immunsystem gegen Angriffe auf die eigene Person 76
- Wie bekommt man ein hohes Selbstwertgefühl? 76
- Bedeutung des Selbstwertgefühls bei öffentlichen Auftritten 87

Kapitel 4 – Die Top Ten positiven Auftrittserlebens 92
- Top 1: Sinnhaftigkeit 93
- Top 2: Prozessorientierung 95
- Top 3: Tätigkeit 97
- Top 4: Positive Zielsetzungen 98
- Top 5: Das reale Alter 101
- Top 6: Innere Begleiter 102
- Top 7: Körperlichkeit 103
- Top 8: Selbst-Wertschätzung 104

- Top 9: Positive Erinnerung   105
- Top 10: Auftritt aktiv gestalten   107

Kapitel 5 – Kreatives und intelligentes Fehlermanagement   112

Anhang   118

- Dank   118
- Literatur   121
- Anmerkungen   125

Gebrauchsanweisung

Wenn Sie Ihre Auftritte, Präsentationen, Vorträge und Wettkämpfe verbessern wollen, müssen Sie natürlich etwas Zeit und ein wenig Mühe investieren. Denn es geht darum, dass Sie Ihr *Denken*, Ihr *Fühlen* und Ihr *Handeln* verändern, dass Sie die Beziehung zu sich selbst verbessern und Sie, etwas technisch ausgedrückt, Ihr Gehirn sozusagen *umprogrammieren*.

Erfahrungsgemäß melden sich Menschen mit Auftrittsstress häufig sehr kurzfristig vor einem Auftritt, um professionelle Hilfe z. B. in Form eines Auftritts-Coachings in Anspruch zu nehmen. Dass Menschen meist erst sehr spät etwas gegen ihren Auftrittsstress unternehmen, ist im Grunde ganz normal und liegt daran, dass Menschen alles, was ihnen Unlust bereitet, eben zunächst verdrängen. Und so kommt es häufig, dass kurz vor den *drohenden* Auftritten die Angst plötzlich so groß wird, dass sie sich angesichts des Auftritts nicht mehr weiter verdrängen lässt. Meist fehlt dann jedoch die Zeit, ausführliche Maßnahmen gegen das störende Lampenfieber zu ergreifen. Dieses Phänomen wurde in dem vorliegenden Buch berücksichtigt. Es gibt deshalb verschiedene Empfehlungen, je nachdem, wie viel Zeit Sie noch bis zu Ihrem Auftritt, Ihrem Vortrag bzw. Ihrer Präsentation haben:

★ Wenn Sie noch Wochen oder Monate Zeit haben, dann können Sie das gesamte Buch von vorn bis hinten durchlesen und durcharbeiten, einige weitere der im Literaturteil empfohlenen Bücher lesen, und vielleicht haben Sie ja dann sogar noch Zeit und Lust, sich einen Workshop oder ein Einzelcoaching bei einem erfahrenen Auftritts-Coach oder Mentaltrainer zur Verbesserung Ihrer Auftrittskompetenz zu gönnen.

★ Wenn Sie nur Tage oder Wochen Zeit haben, dann sollten Sie sofort mit dem Klopfen gegen Lampenfieber beginnen (S. 43) und einige positive Visualisierungsübungen durchführen (S. 70) und sich vielleicht noch einen selbstwertstärkenden, selbstbezüglichen Werbeslogan erarbeiten (S. 85) oder ggf. einige der Top Ten des positiven Auftritts-erlebens beherzigen (S. 92). So können Sie auch in relativ knapper Vorbereitungszeit den vorhandenen Stress reduzieren und einen Teil der gewünschten guten Gefühle in Ihrem Kopf mit dem kommenden Auftritt verknüpfen. Sollte der Stress allerdings sehr groß sein, könn-te es sein, dass Sie nur einen Teilerfolg erzielen werden.

★ Wenn Sie nur wenige Stunden oder Tage Zeit haben, sollten Sie nur noch Ihr emotionales Selbstmanagement mittels der Klopftechnik verbessern und sich die ganze Zeit über klar machen, wie alt Sie in Wirklichkeit sind (S. 101). Meist schrumpfen Menschen nämlich in-nerlich, wenn sie sich bei öffentlichen Auftritten nicht wohl fühlen, und die Bewusstwerdung des realen Alters hat meist eine sehr selbst-beruhigende Wirkung. Für alles Weitere hat Ihr Gehirn wahrschein-lich keine freien Speicher mehr, da es emotional schon zu sehr in Aufruhr ist. In diesem Fall müssen Sie auch mit nur kleinen Erfolgen zufrieden sein, was nicht heißt, dass es unter Zeitdruck nicht mög-lich wäre, mit den vorgeschlagenen Techniken und Strategien auch in kurzer Zeit viel zu verändern.

Egal welchen Weg Sie gehen, ich wünsche Ihnen dabei viel Spaß, gutes Gelingen, und genießen Sie Ihren Auftritt.

Ihr Michael Bohne

Kapitel 1 – Volkskrankheit Lampenfieber?

«In dir muss brennen, was du in anderen entzünden willst.»
Augustinus (354–430)

Die meisten Menschen reagieren mit Nervosität, Unsicherheit oder Angst, wenn sie im Aufmerksamkeitsfokus einer Gruppe stehen[1], also einen öffentlichen Auftritt erleben. Und ein öffentlicher Auftritt findet nicht nur auf einer Bühne oder vor einer Kamera statt, er beginnt vielmehr bereits dort, wo mindestens ein uns wichtiger anderer Mensch zugegen ist. Also auch bei einem Vorgesetzten- oder Bewerbungsgespräch, einer Prüfung, einem Verkaufsgespräch oder einem Rendezvous handelt es sich im Grunde genommen um einen öffentlichen Auftritt. Wer kennt das nicht, in einer Vorstellungsrunde darauf zu warten, dass er endlich an der Reihe ist, sich vorzustellen und dabei zu merken, wie er immer aufgeregter wird, je näher sein *Vorstellungsauftritt* rückt. Oder die Erfahrung, sich bei einer Veranstaltung als Zuhörer zu melden, um etwas zu sagen, und plötzlich fühlt man sich klein, unbedeutend, das Herz schlägt höher und es befällt einen diese gewisse Unsicherheit.

Lampenfieber ist keine Krankheit

Wenn so viele Menschen sich bei öffentlichen Auftritten unwohl fühlen, unter störendem Lampenfieber oder gar unter richtigen Auftrittsängsten leiden, dann ist es absurd, all diese Menschen als *krank* zu bezeichnen. Dies hieße ja, dass der Großteil der Menschheit krank sei.

Lampenfieber und Auftrittsängste sind vielmehr völlig normale Phänomene, sie sollen hier als *leistungsrelevante Gefühle* verstanden werden. Denn positives Lampenfieber ist leistungs*steigernd* und störendes Lampenfieber und Auftrittsängste sind leistungs*mindernd* (siehe auch S. 34). Viele Ärzte und Psychotherapeuten hingegen betrachten jegliche Formen von Auftrittsstress als eine Art Krankheit, so z. B. als *Soziale Phobie*. Dies ist jedoch so ohne weiteres nicht korrekt. Bei der Sozialen Phobie, einer Angst vor den anderen sozusagen, unter der 11–15 Prozent aller Menschen im Laufe ihres Lebens einmal leiden, müssen ganz konkrete Symptome vorhanden sein[2], die bei vielen Menschen, die unter gewöhnlichem Auftrittsstress leiden, gar nicht vorhanden sind.

Auch wenn der Auftrittsstress und das störende Lampenfieber so groß sind, das sie krankheitswertig sind, die Betreffenden also wirklich darunter leiden, kann es sehr sinnvoll sein, sich nicht als krank zu definieren und sich eine Diagnose verpassen zu lassen. Selbst wenn man sich in seiner beruflichen und persönlichen Entwicklung durch seinen Auftrittsstress blockiert fühlt, ja selbst wenn man die Kriterien einer Sozialen Phobie erfüllen sollte, kann es sehr viel besser sein, den Diagnosestempel abzulehnen und sich lieber zu fragen, wie man denn den Stress selbst hergestellt hat.

Mit einer Diagnose hätte man nur etwas festgeschrieben, was so statisch nun auch wieder nicht ist. Auftrittsängste und störendes Lampenfieber sind ja sehr gut veränderbare Phänomene – durch manche Formen von Psychotherapie genauso wie durch ein differenziertes Auftritts-Coaching oder durch verschiedene andere Trainings und Maßnahmen[3].

In meiner Arbeit als Auftritts-Coach, Psychotherapeut und Psychiater beobachte ich jedoch immer wieder, dass vielen Menschen durch konventionelle, vor allem problem- und konfliktorientierte Psychotherapien häufig nicht hinreichend geholfen werden kann, ihre professionellen Auftritte mit einem besseren Gefühl zu meistern. Auch die gewünschte Leistungssteigerung wird mit diesen Maßnahmen häufig nicht zufriedenstellend erreicht. Auch wenn die wissenschaftliche Datenlage es vermuten lässt, dass die anerkannten Psychotherapiemethoden wirksam sind, kann dies in der Praxis ganz anders aussehen, da die Bedingungen, unter denen wissenschaftliche Studien entstehen, eben oft sehr anders sind als die Bedingungen, unter denen in der Praxis gearbeitet wird. Außerdem wollen Menschen mit störendem Lampenfieber meist auch keine klassische Psychotherapie machen, sondern lediglich Mittel und

Techniken an die Hand bekommen, mit denen sie ihren Auftrittsstress reduzieren können, damit sie sich bei ihren Auftritten, Präsentationen oder Vorträgen einfach wohler fühlen.

Ein fundamentaler Nachteil der konventionellen Psychotherapien, ausgenommen die lösungs- und ressourcenorientierten Methoden, liegt vor allem darin, dass die Hilfesuchenden noch immer sehr stark pathologisiert werden, also primär auf das geschaut wird, was nicht funktioniert. Bei öffentlichen Auftritten geht es jedoch um Fähigkeiten und Leistungen. Auch deshalb ist das Auftrittsthema eher ein Coachingthema, also ein berufsrollenbezogenes bzw. leistungsorientiertes Thema. Und da ist, wenn man sich eine externe Unterstützungsmaßnahme gönnen möchte, Coaching angezeigter als Psychotherapie; zumal die problem- und pathologieorientierten Psychotherapien zu einer Destabilisierung und Labilisierung führen können und ja zum Teil auch sollen. Dies kann dann für Menschen, die ihre Leistungen zeitnah immer wieder bei öffentlichen Auftritten unter Beweis stellen müssen, geradezu verheerende Auswirkungen haben, da die noch vorhandene Stabilität durch diese Form von Therapie weiter reduziert wird.

Mögliche Probleme durch problemorientierte Psychotherapie

So berichtete eine Opernsängerin, durch eine begonnene Psychotherapie so sehr verunsichert worden zu sein, dass es ihr schwerer fiel denn je, abends auf die Bühne zu gehen, dort von sich überzeugt zu sein und eine Spitzenleistung abzuliefern. Dies lag u. a. daran, dass sie in der Psychotherapie auch mit Problemen aus ihrer Kindheit konfrontiert wurde, die zunächst nicht direkt etwas mit ihrem Auftrittsthema zu tun hatten, die jedoch noch nicht verarbeitet waren und die Sängerin daher verunsicherten. Hierbei handelt es sich um einen extrem unerwünschten Begleiteffekt von Psychotherapie, der eine solche Maßnahme für Spitzenleister, die zeitgleich noch auf der Bühne funktionieren müssen, häufig als nicht angezeigt erscheinen lassen.

In einem nur wenige Sitzungen dauernden Auftritts-Coaching, in dem nur auf die Auftrittssituation fokussiert wurde, lernte die Sängerin, wie sie sich selbst den Stress gemacht hatte und mit welchen mentalen und emotionalen Strategien sie ihre Auftritte wieder mit Freude erleben konnte. Sie war zwar für Psychotherapie im Grunde offen gewesen, wollte jedoch etwas haben, was ihr auch zeitnah hilft, und sie wollte vor allem nicht ihre gesamte Kindheit aufarbeiten müssen.

Wenn Sie sich jemanden suchen möchten, um mit ihm an der Verbesserung Ihres Auftrittserlebens zu arbeiten, sei er nun Auftritts-Coach, Sportcoach, Mentaltrainer oder Psychotherapeut, dann sollte dieser Profi sich mit dem Thema auskennen[4], also mindestens ein paar Dutzend Menschen mit Auftrittsstress behandelt bzw. gecoacht haben, mindestens zwei bis drei verschiedene psychotherapeutische Aus- bzw. Fortbildungen absolviert haben und er sollte sich vor allem mit lösungs- und ressourcenorientierten Verfahren auskennen, wie z. B. systemischer Therapie, Hypnotherapie, lösungsorientierter Kurzzeittherapie, Energetischer Psychologie oder Neurolinguistischem Programmieren (NLP). Das Wichtigste ist allerdings, dass Sie sich bei diesem Menschen wohl fühlen, Vertrauen haben und dass Sie das Gefühl haben, dieser Mensch traut Ihnen zu, dass Sie Ihr Problem gut überwinden werden. Wer nicht an Sie glaubt, kann Ihnen auch nicht helfen. Solche *Helfer* sollten Sie tunlichst meiden, da diese Ihnen aller Wahrscheinlichkeit nach wirklich nicht helfen, ja Ihnen sogar schaden können.

Wenn wir uns bei Auftrittsstress den Stempel *krank* aufdrücken (lassen), dann besteht eben die Gefahr, dass wir nicht mehr genau hinschauen, wo denn unsere eigenen Anteile an dem Zustandekommen der Aufregung oder dem Leistungsknick liegen. Außerdem leiden Menschen, die öffentliche Auftritte als unangenehm erleben, beileibe nicht nur unter *Ängsten*. Die vorherrschenden negativen Gefühle bei öffentlichen Auftritten sind neben verschiedenen Ängsten vor allem auch unangenehme Gefühle wie

- Scham,
- Peinlichkeit,
- Ausgeliefertsein,
- Hilflosigkeit,

- Verlassenheit,
- sich allein (gelassen) zu fühlen.

Viele Menschen jedoch können einfach nur ihr persönliches Bestleistungsniveau nicht erreichen oder lediglich ihre Konzentrationsfähigkeit ist gestört, ohne dass sie an irgendeinem der hier erwähnten Symptome ernsthaft *leiden* würden. Es wäre verfehlt, all diese Menschen als krank zu titulieren. Vor allem im Spitzensport haben viele Athleten das Problem, wegen zu viel ungünstigen Stresses ihre persönlichen Bestleistungen im Wettkampf nicht bringen zu können. Diese Menschen sind natürlich überhaupt nicht krank. Dennoch kann es sein, dass sie erheblich unter diesem Wettkampfstress leiden, und dieser Stress kann das ganze Leben überschatten. Und natürlich kann dieser Stress zu einer ernsthaften psychischen Krise oder sogar Erkrankung anwachsen.

Wenn Sie mehr darüber erfahren möchten, warum Sie so geworden sind, wie Sie sind, Interesse an einer umfassenderen Bearbeitung eigener Konflikte und Probleme haben oder Sie das Gefühl haben, dass das störende Lampenfieber nur eines Ihrer Probleme ist und Sie unter den anderen Problemen vielleicht noch mehr leiden, dann kann es das größte Geschenk sein, das Sie sich selbst machen können, sich eine Psychotherapie zu gönnen (auch wenn Sie nicht wirklich krank sind). Aber auch hier gilt, unabhängig von der therapeutischen Schule: Sie müssen sich vor allem wohl bei Ihrem Therapeuten fühlen und ihm vertrauen können. Auch sollten Sie zumindest nach geraumer Zeit (also wenigen Stunden) eine spürbare Verbesserung Ihrer Lebensqualität verzeichnen. Wenn dies nicht der Fall ist, könnte es nämlich sein, dass die Therapie stagniert, dass irgendetwas schiefläuft oder dass ggf. das gewählte Therapieverfahren oder der Therapeut doch nicht die richtigen für Sie sind. Dann sollten Sie Ihre Unzufriedenheit in jedem Fall thematisieren, und wenn sich weiterhin nichts verändert und Ihnen die Erklärungen des Therapeuten dafür nicht schlüssig erscheinen, nicht davor zurückschrecken, die Behandlung zu beenden und sich einen neuen Kooperationspartner zu suchen.

Pillen gegen den Stress: Doping oder Selbsthilfe?

Viele Auftrittsgestresste *erleben* sich selbst tatsächlich als wirklich krank, und wenn sie zum Arzt gehen, werden sie dort meist auch wie Kranke behandelt. Die herrschende Meinung geht leider immer noch davon aus, dass Kranke nun einmal Medikamente bräuchten, und dann ist es natürlich naheliegend, all diesen *Auftrittskranken* Medikamente zu verschreiben, was ja viele Hausärzte, Psychiater und selbst Homöopathen tagtäglich auch so praktizieren. Dass sich die Pharmaindustrie darüber sehr freut, steht außer Zweifel. Allerdings ist den Auftrittsgestressten damit meist nicht wirklich geholfen, da sich eben durch die Medikamente, die es gibt und die ja tatsächlich auch sehr häufig verordnet werden[5], nicht wirklich etwas am störenden Lampenfieber ändern kann. Wenn die Medikamente wieder abgesetzt werden, kommen die Symptome meist genauso schnell wieder, wie sie verschwanden. Außerdem erleben viele Menschen die Einnahme von Medikamenten gegen Auftrittsängste als Versagen und schwächen sich damit zusätzlich. Ganz abgesehen davon, dass man dadurch eine Heerschar von Abhängigen *produziert*, da der Auftrittsgestresste, der seinen Beta-Blocker bei einem Auftritt nicht dabeihat, alle Symptome eines Abhängigen zeigt; er tut alles dafür, dass er seine Tabletten doch noch bekommt, wird unruhig, wenn diese zur Neige gehen oder verbraucht sind, und wird erst wieder ruhig, wenn der *kleine Helfer* wieder an Bord ist. Ein weiteres Problem liegt darin, dass die Einnahme von Beta-Blockern z. B. bei Profimusikern in manchen Kreisen mittlerweile als Doping verstanden wird. Da wird es vermutlich nicht mehr lange dauern und auch bei musikalischen Spitzenleistungen werden bei Wettbewerben Dopingkontrollen durchgeführt. So berichtete der Radiosender Deutschlandradio Kultur in einem Feature[6], dass die Dozentin für Flöte am Rhodes College in Memphis USA, Ruth Anne McClain, aus ihrem Lehramt gefeuert wurde. Der Grund: Sie hatte ihren Studentinnen und Studenten zur Bekämpfung des Lampenfiebers Beta-Blocker empfohlen. Chemische Hilfen gegen die Aufregung von Musikern, so fand auch die New York Times heraus, sind in diesem Berufsmilieu weit verbreitet – gewissermaßen Doping in Dur gegen Stimmung in Moll.

Kein Auftritt ohne Beta-Blocker, sogar bei den Proben

Ein Musiker eines renommierten deutschen Orchesters kam in ein Auftritts-Coaching und berichtete, dass er seit 15 Jahren nur unter Einnahme eines Beta-Blockers im Orchester spielen könne. Die Aufregung und Nervosität habe im Laufe der Jahre immer mehr zugenommen. Vor allem mit zunehmendem Alter habe er eine subjektive Abnahme seiner Stressbelastungsfähigkeit verzeichnet. Zunächst habe er nur Stress vor wichtigen Premieren gehabt, aber mittlerweile müsse er sogar vor den Proben einen Beta-Blocker nehmen, um die Aufregung subjektiv aushalten zu können. Mehrere Psychotherapien hätten an dem Problem keinerlei Veränderung gebracht. Er berichtet, dass er sich dafür schäme und sich für unprofessionell halte. Zunächst entlastete ihn die Information, dass sehr viele professionelle Musiker die gleichen Erfahrungen gemacht haben und dass es eher die Regel als die Ausnahme ist, dass Profimusiker es erlebt haben, unter Auftrittsstress zu leiden und dann auch schlechter zu spielen, als sie eigentlich könnten.

Als zweiten Schritt wandten wir das emotionale Selbstmanagement aus der Energetischen Psychologie an. Wir behandelten zunächst mehrere schlecht gelaufene Auftritte aus der Vergangenheit, die noch aktiv waren, also beim Erinnern noch unangenehme Gefühle verursachten. Dann nutzen wir die Klopftechnik (siehe S. 43), um den Stress vor den kommenden Konzerten und Proben zu reduzieren. Das Selbstwerttraining (siehe S. 82) führte dazu, dass dem erfahrenen Musiker erstmals klar wurde, mit welchen selbstentwertenden Gedanken und Glaubenssätzen er sich selbst bei öffentlichen Auftritten am Instrument schwächte. Eine subjektiv stimmige und sich deutlich positiv anfühlende Affirmation führte zu einer größeren Zuversicht, sich beim nächsten Konzert sicherer und kompetenter zu fühlen. Er sagte sich: Ich bin ein alter musikalischer Haudegen und habe schon ganz andere Krisen bewältigt. Dieser vielleicht etwas burschikos anmutende Satz aktivierte bei ihm Persönlichkeitsanteile, die ihn eine dickere seelische Hornhaut gegenüber Angriffen von außen entwickeln ließen.

Beim zweiten Termin erzählte er, dass er die Beta-Blocker nicht nur in den Proben, sondern sogar bei der Generalprobe und dann auch noch bei der Premiere *weggelassen habe. Er sei völlig überrascht, wie gut das Spielen gelaufen sei. Auch habe er erstmals gemerkt, wie ihn die Beta-Blocker auch gedämpft hätten. Bei aufregenden und intensiven musikalischen Passagen habe er jetzt viel mehr das Gefühl, genügend positives Adrenalin für die Musik zur Verfügung zu haben.*

Dass es auf der anderen Seite nach wie vor viele Menschen gibt, die sich eine Verbesserung ihrer Auftrittsleistungen nur mit Medikamenten oder anderen Substanzen vorstellen können, beschreibt auch der bekannte Arzt und Autor Ruediger Dahlke[7]: *«Dabei reicht Doping heute weit über den Profisport hinaus. Der koksende Manager, der seine Performance verbessern will, und das Hungerhaken-Model, das seinen Hunger mit Kokain unterdrückt, gehören auf jeden Fall in diese Kategorie, aber eigentlich auch alle, die sich künstlich mit Psychopharmaka oder Beta-Blockern beruhigen, vom klassischen Musiker, der damit seine Angst vor dem Stardirigenten kaschiert, über all die Schlafmittelkonsumenten bis zur überdrehten Hausfrau und Mutter, die ihren Vielfachjob nicht mehr anders geregelt bekommt und sich am Ritalin der Kinder vergreift, um bei Laune zu bleiben.*

Anstatt Entspannungsübungen zu praktizieren, werfen sie lieber Chemie ein und betreiben damit ihre Art von Doping. Aber gehören nicht auch die 60 Millionen US-Amerikaner, die ständig zur Stimmungsanhebung Antidepressiva wie Prozac schlucken, und die Techno-Kids auf Ecstasy hierher?»

Die Verbesserung der mentalen Leistung mittels Medikamenten wird auch als *Mind-Doping* bezeichnet. Allein in Bayern sollen einer Studie des bayerischen Gesundheitsministeriums zufolge 35 000 Jugendliche regelmäßig Medikamente missbrauchen, um Stress zu bewältigen[8]. Armes Deutschland, kann man da nur sagen. In puncto emotionaler Entwicklung und emotionalem Stressmanagement kann man Deutschland getrost als Entwicklungsland bezeichnen.

Die zur Tour de France 2007 losgetretene intensive Mediendebatte zum Thema Doping im Radsport hat allerdings gezeigt, dass sich die Zeiten geändert haben. Die Gesellschaft will keine gedopten Spitzenleister mehr sehen. Es geht mehr als früher um authentische Leistungen.

Solange jedoch Beta-Blocker *außerhalb* des Sports nicht als Dopingmittel verstanden werden, sollte jeder Mensch die Freiheit haben, guten Gewissens vor einem öffentlichen Auftritt einen Beta-Blocker nehmen zu dürfen, um damit seinen Stress zu senken. Es soll hier also überhaupt nicht um eine moralische Bewertung gehen, was besser oder schlechter ist oder was als ethisch höherstehend anzusehen ist. Jeder muss für sich selbst entscheiden dürfen, wie er mit seinem störenden Lampenfieber umgehen will. Vor Alkohol, Beruhigungsmitteln vom Benzodiazepin-Typ (z. B. Valium) und abhängig machenden Drogen als chemische Auftrittsverbesserer muss natürlich gewarnt werden, da die Folgesymptome, die aufgrund dieser Substanzeinnahme entstehen können, meist das eigentliche Problem Lampenfieber noch deutlich übertreffen[9]. Ein weiteres Problem, wenn man gegen störendes Lampenfieber lediglich irgendwelche Pillen einwirft, liegt darin, dass man nichts über sich erfährt, man somit bezogen auf diesen Lebensbereich und seine Selbstentwicklung jede Menge Lernpotenziale nicht nutzt und in diesem Bereich emotional *ungebildet* bleibt; während die psychologische Beschäftigung mit dem Thema Auftrittsstress und Lampenfieber unweigerlich dazu führt, dass wir uns besser zu verstehen lernen, besser lernen, was uns ausmacht, was wir brauchen, um uns bei öffentlichen Auftritten wohl und sicher zu fühlen und was uns in solchen Situationen schädigt oder schwächt. Wir erweitern unsere Bildung im Humboldt'schen Sinne, wenn wir verstehen lernen, welche neurobiologischen, psychologischen und auftrittsrelevanten Hintergründe dazu führen, Lampenfieber zu bekommen und dieses zu überwinden. «*Nur indem der Mensch als Individuum zu sich selbst findet*[10], finde wirkliche *Bildung* statt, so Humboldts Erklärung.

Lampenfieber zwischen Entwicklungschance und Risiko

In diesem Buch sollen also Auftrittsstress und Lampenfieber vor allem als Chance für die eigene Weiterentwicklung verstanden werden. Ferner soll es hier vor allem um den Stress vor öffentlichen Auftritten im beruflichen, musikalischen und sportlichen Kontext gehen, und deshalb ist auch, wie bereits erwähnt, bei Fremdhilfe ein Coaching oder mentales Training, also eine berufsrollenbezogene bzw. leistungsorientierte Unterstützungsmaßnahme eher angezeigt als eine Psychotherapie. Es sei nochmals darauf hingewiesen, dass man nicht eine ganze Gesellschaft pathologisieren, also als krank definieren und in eine psychotherapeutische Behandlung schicken kann, nur weil sich die Menschen bei öffentlichen Auftritten, Wettbewerben, Wettkämpfen und Präsentationen unwohl fühlen oder unter ihrem eigentlichen Bestleistungsniveau bleiben. Ziel soll es hier u. a. sein, auch unabhängig von anderen, also auch ohne Auftritts-Coaches und Mentaltrainer seinen Auftrittsstress reduzieren und seine gewünschten persönlichen Bestleistungen bringen zu können. Somit hat das emotionale Selbstmanagement mittels der Klopftechnik aus der Energetischen Psychologie (siehe S. 43) seinen ganz besonderen Reiz. Es kann allerdings sehr sinnvoll sein, sich eine professionelle Unterstützung zur Optimierung der eigenen Leistungsfähigkeit bei öffentlichen Auftritten und Wettkämpfen zu gönnen. Mit einem Experten im Team ist man eben leistungsfähiger als als Autodidakt.

Menschen, die sich nicht wohl bei öffentlichen Auftritten fühlen, zahlen neben ihrem erlebten Unwohlsein häufig einen hohen Preis: Sie erreichen nicht ihr persönliches Bestleistungsniveau.

Und nicht nur Spitzensportler, Manager, Führungskräfte, Pressesprecher, Fernseh- und Radiomoderatoren und professionelle Musiker geben mit ihrer Außenwirkung eine *Visitenkarte* von sich selbst *und* von ihrem *Unternehmen* ab. Heutzutage müssen immer mehr Menschen im beruflichen Kontext einen Vortrag halten, ein Projekt innerhalb einer Projektgruppe präsentieren oder auf eine andere Art und Weise öffentlich auftreten. Fühlen sie sich dabei unwohl, so kann sich dies für den kritischen Beobachter durchaus transportieren und wird nicht selten direkt sicht- bzw. hörbar. Aber auch wenn man die Aufregung vielen Menschen nicht ansieht, blockiert sie sie doch meist und führt dazu, dass man erheblich mehr Energie verbraucht, als wenn man sich bei seinem Auftritt, seiner Präsentation oder seinem Vortrag wohl, gelassen und sicher fühlen würde. Die persönliche Ausstrahlung, die Überzeugungsfähigkeit und das persönliche Bestleistungsniveau leiden meist mit zunehmender Anspannung. Schlechte Auftritte können in manchen Unternehmen, Orchestern, Hochschulen und natürlich bei sportlichen Wettkämpfen direkt zu einem Karriereknick führen.

Öffentliche Auftritte als Vergrößerungsglas auf das eigene Befinden

Wie kommt es nun aber, dass sich so viele Menschen trotz guter inhaltlicher Vorbereitung und trotz Rhetorik-, Kamera- und Präsentationstrainings bei öffentlichen Auftritten noch immer unwohl fühlen?

Der öffentliche Auftritt fungiert quasi wie ein Vergrößerungsglas für das eigene Selbstwertgefühl, den Aufmerksamkeitsfokus und für die emotionale Selbstmanagementkompetenz. Ohne ein gegen Angriffe einigermaßen resistentes Selbstwertgefühl (S. 76), ohne eine optimale Ausrichtung des eigenen Aufmerksamkeitsfokus (S. 92), ohne zieldienliche innere Bilder (S. 70) und ohne ein effizientes emotionales Selbstmanagement (S. 43) gelingt es oft nicht, den Stress vor öffentlichen Auftritten wirklich effektiv zu reduzieren.

Ziel dieses Buches ist es deshalb auch, dabei behilflich zu sein, ein größeres Wohlbefinden vor, während und nach öffentlichen Auftritten zu empfinden. Denn nur wer sich wohl mit sich, in seiner eigenen Haut und in der jeweiligen Situation fühlt, kann authentisch, gelassen und überzeugend sein, also *echt* wirken. Nur so lassen sich andere Menschen wirklich überzeugen bzw. begeistern.

Die Vorstandspräsentation wurde ein gefühltes Desaster

Eine sehr erfolgreiche, aber hinter ihrer betont perfekten äußerlichen Fassade etwas selbstunsichere 34-jährige weibliche Führungskraft mit vielen Selbstzweifeln litt vor allem bei Präsentationen vor den männlichen Kollegen auf gleicher Ebene und vor dem Vorstand ihres Unternehmens immer sehr unter Händezittern, erhöhtem Herzschlag und einem Wegbleiben der Stimme. Als wieder einmal eine Vorstandspräsentation zu einem gefühlten Desaster ge-

führt hatte, entschloss sie sich, ein Auftritts-Coaching aufzusuchen, um sich für ihre Präsentationen Unterstützung zu holen.

In dem Coaching wurde sehr schnell deutlich, dass sie in solchen Auftrittskontexten immer innerlich schrumpfte und sich wieder wie eine Jugendliche fühlte. Auch erlebte sie die männlichen Kollegen und Vorstandsmitglieder als ihr überlegen und als Bedrohung. Bis zur nächsten Coachingsitzung sollte sie zunächst nur darauf achten, dass sie bei ihren Präsentationen innerlich so alt blieb, wie sie in Wirklichkeit war.

Sie berichtete in der nächsten Sitzung, dass das gut funktioniert habe und sie sich schon etwas sicherer dadurch gefühlt habe. Erst jetzt wurde ihr deutlich, dass sie sich im Grunde bei öffentlichen Auftritten immer viel jünger gefühlt hatte, als sie eigentlich war. Als Nächstes nutzten wir lediglich die Klopftechnik, um die unterschiedlichen Befürchtungen und Ängste, die sie vor und bei Präsentationen erlebte, zu entschärfen. Dies hatte so durchschlagende Wirkung, dass sie in den Vorstandspräsentationen regelrecht frech wurde, was sie sich aber gut erlauben konnte, da sie fachliche Kompetenzen besaß, auf die das Unternehmen angewiesen war. Außerdem merkte sie nun, dass der Vorstandsvorsitzende eigentlich schon immer eine große Sympathie für sie hegte, was ihr aber vor lauter Respekt und Stress gar nicht aufgefallen war. Weitere Techniken und Maßnahmen waren nicht nötig, und das Auftritts-Coaching wandelte sich zu einem normalen Coaching, in dem sie verschiedene Strategien und karriererelevante Überlegungen mit einem neutralen Gegenüber austauschen und von verschiedenen Seiten betrachten wollte.

Warum also sollte man sich bei einem öffentlichen Auftritt quälen? Warum mit unguten Gefühlen und Körpersensationen dem nahenden Auftritt entgegenfiebern? Wieso nicht *einfach* den kommenden Auftritt als Chance, als positive Herausforderung, als Genuss, als Geschenk erleben? Ganz nach dem Motte: Ich *genieße es und freue mich, mich und mein Werk in der Öffentlichkeit zu präsentieren.* Es gibt nachweislich Menschen, die dies können bzw. die dies gelernt haben. Wenn es diese Menschen schaffen, öffentliche Auftritte zu genießen, dann besteht für all die anderen, die dies *noch* nicht können, auch die realistische Chance, dies zu schaffen. Die Frage lautet lediglich noch: Wie schaffen *Sie* das?

Wenn Sie die hier vorgestellten Strategien und Übungen beherzigen, werden Sie es kaum noch hinbekommen, so sehr bei öffentlichen Auftritten zu leiden wie in der Vergangenheit. Sie werden sich kaum dagegen wehren können, Ihre nächsten öffentlichen Auftritte mit mehr Spaß, Freude, Stolz, Hingabe, Wohlbefinden, Genuss, Engagement, Leidenschaft, Lust, Energie oder was auch immer Sie gern an Positivem fühlen möchten, zu erleben. Es sei denn, Sie praktizieren einen der *Big Five* der Erfolgssaboteure (S. 65, 71).

Historisches und Evolutionsbiologisches

Definition: «Lampenfieber; ‹Aufregung vor dem Auftritt› (< 19. Jh.), älter ist Kanonenfieber für die Aufregung vor der Schlacht. Frz. *fièvre da la rampe* (‹eigentlich Rampenfieber›) hat vielleicht ebenfalls eingewirkt»[11]. Umgangssprachlich ist Lampenfieber auch bekannt als *Muffensausen haben, Fracksausen haben, jemandem geht die Düse, jemandem geht der Arsch auf Grundeis.* Wenn aufgrund der Angst bereits kognitive Einbußen vorhanden sind, heißt es auch, einen *Blackout haben* oder in Musikerkreisen *abgekackt oder vergeigt haben.*

Wie die umgangssprachlichen und etymologischen Wurzeln des Begriffes Lampenfieber zeigen, gibt es teils sehr drastische Beschreibungen für das unwohle Gefühl bei öffentlichen Auftritten. Interessant ist auch die Verwandtschaft zum Kanonenfieber, also der Aufregung vor einer Schlacht, bei der es ja tatsächlich um Leben und Tod geht. Aus evolutionsbiologischer Sicht könnte es natürlich auch sein, dass unser Körper noch immer so programmiert ist, dass er auf Angst umstellt, wenn er von anderen Menschen beobachtet wird. Vor 100 000 Jahren konnte dies ja durchaus bedeuten, wirklich getötet (und anschließend sogar gefressen) zu werden. Der Fremde ist ja immer auch eine potenzielle Gefahr für uns Menschen gewesen, da man nie wissen konnte, ob er Freund oder Feind war. Auch der Begriff *beobachten* beinhaltet ja, dass jemand Ob-

acht auf jemand anderes hat. Die lateinische Wurzel heißt nicht von ungefähr *observare*, was vom Wortstamm her mit *observieren* zu tun hat. Und *observieren* liegt schon sehr nah an Freiheitsberaubung. Also gar nicht so verwunderlich, dass öffentliche Auftritte, die ja nichts anderes sind als Situationen, in denen wir von anderen Menschen beobachtet, also *observiert* werden, bei den meisten Menschen mit Unwohlsein oder Ängsten assoziiert sind.

Achtung, es geht um Beachtung

Bei öffentlichen Auftritten geht es im Grunde immer wieder auch um das Thema *Beachtung* durch andere und natürlich um *Selbstbeachtung*. Beachtet zu werden hat eine überlebensnotwendige Bedeutung für uns Menschen. So gibt es einige Beobachtungen und Forschungsergebnisse, die darauf hindeuten, dass wir krank werden und Gefahr laufen, früher zu sterben, wenn wir tatsächlich nicht beachtet werden. Aber auch für unsere psychische Stabilität und unser Selbstwertgefühl ist es von enormer Bedeutung, dass wir beachtet werden, und zwar auch als Erwachsene. So weist der renommierte Arzt und Psychotherapeut Wolf Büntig[12] darauf hin, dass der Mensch, der nicht lerne, sich dank der Beachtung durch andere im Laufe der Zeit selbst zu beachten, angewiesen bleibe auf die Selbstbestätigung durch Spiegelung in den anderen. Man ertrinke dann – entsprechend der Legende von Narziss und Echo – in diesem See des unbewussten Bedürfnisses nach Beachtung, vernachlässige die aktive Verfolgung seiner eigenen Neigungen und *reproduziere* lediglich das durch andere Vorgegebene. Der Faktor Beachtung, so Büntig, wirke in praktisch allen zwischenmenschlichen Begegnungen. «*Alles, was Menschen miteinander tun – sei es geben und nehmen, verkaufen und kaufen, führen und folgen, lehren und lernen, predigen und horchen usw. –, dient dem Austausch von Beachtung. Je bewusster das Bedürfnis nach, der Austausch von und der Umgang mit Beachtung ist, desto größer sind die Chancen, dass wir in einer Begegnung außer Austausch von Beachtung auch noch anderes bewirken können. ... Der Mangel an Beachtung und Selbstbeachtung und die damit verbundene Gier nach Beachtung durch andere, bei gleichzeitiger Angst vor der Abhängigkeit von anderen, kann großen Stress verursachen, der zu Unzufriedenheit, Elend und psychosomati-*

schen Krankheiten führen kann. Doch nicht nur der Mangel – auch ein Übermaß an Beachtung kann schaden»[13].

Je weniger wir uns selbst die notwendige Beachtung schenken, die wir brauchen, umso mehr machen wir uns abhängig von anderen. Und Gefühle von Abhängigkeit führen bei öffentlichen Auftritten unweigerlich zu einer höheren Angst und Unsicherheit.

Wir bei einem öffentlichen Auftritt

Wie bereits erwähnt, ist es bei der Verbesserung öffentlicher Auftritte wichtig, unsere *Gefühle,* unsere *Gedanken* und unseren *Aufmerksamkeitsfokus* optimal in den Dienst *der aktuellen Aufgabe* zu stellen, also zu optimieren. Wichtig dabei ist es auch, sich klar zu machen, welche Beziehungsqualität wir erleben. Unsere Beziehung zu uns selbst, zu den anderen Menschen und zu dem Thema unseres Auftritts.

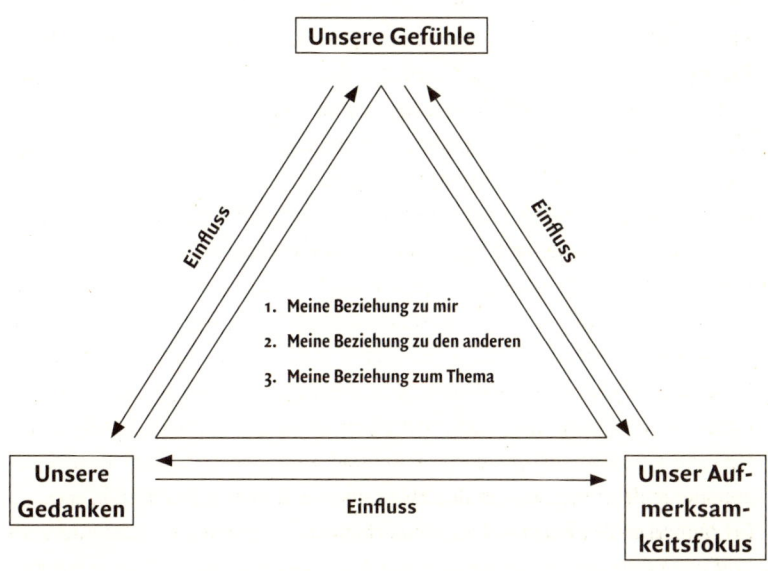

Es wird also ersichtlich, dass die drei Bereiche sich gegenseitig beeinflussen, was im ungünstigen Fall von Auftrittsängsten bedeutet, dass die Bereiche sich gegenseitig behindern, und im Falle von positivem Lampenfieber und Auftrittsfreude können die drei Bereiche sich gegenseitig beflügeln. Mögliche negative **Gefühle** werden bei dem hier vorgeschlagenen Selbstmanagementkonzept mittels der Klopftechnik aus der Energetischen Psychologie (S. 43) verändert. Mögliche negative und schwächende **Gedanken** können mittels Selbstwerttraining in stärkende und selbstwertsteigernde Gedanken verwandelt werden (S. 76). Ein ungünstiger **Aufmerksamkeitsfokus** kann mittels der Top Ten des positiven Auftrittserlebens (S. 92) verbessert werden.

Ferner sollen Fragen zur Beziehungsgestaltung (S. 88) verdeutlichen, wie Sie sich ggf. durch eine ungünstige Beziehungsgestaltung das Leben bei Ihren Auftritten schwer machen. Schließlich geht es darum, mit zieldienlichen, erfolgsorientierten inneren Bildern aufzutreten (S. 70) und nicht innere Bilder des Scheiterns oder Versagens mit auf die Bühne zu nehmen.

Mehr brauchen Sie nicht, um ein größeres Wohlgefühl bei öffentlichen Auftritten zu erlangen. Sollten diese Strategien bei Ihnen nicht hinreichend wirken, was durchaus passieren kann, aber nicht häufig ist, dann könnten Sie analysieren, ob Sie einen der hochwirksamen *Big Five Erfolgssaboteure* an Bord haben (S. 65, 71), oder sich Unterstützung von außen gönnen, z. B. in Form eines Auftritts-Coachings, eines mentalen Trainings, eines Workshops zu dem Thema oder eben einer lösungsorientierten Psychotherapie.

Zuversicht siegt

In meiner Arbeit als Auftritts-Coach kann ich beobachten, dass oft gar nicht so viel dazugehört, den vor einem liegenden Auftritt als angenehme, positive Herausforderung oder irgendwie leicht und positiv belebend zu erleben. Im Nachhinein fragen sich viele Auftretende häufig, warum sie nicht schon früher etwas gegen ihre Auftrittsängste und ihr störendes Lampenfieber unternommen haben. Aber das gehört zum Thema dazu. Die meisten Menschen halten die negativen Auftrittsgefühle erstaunlich lange aus, ohne etwas Sinnvolles und Wirksames dagegen zu unternehmen. Aus der Psychotherapieforschung ist hinreichend bekannt, dass die Vermeidung von angstmachenden Situationen die Angst noch verstärkt. Es ist also eine Scheinlösung, die Auftrittsängste zu verdrängen. Das Verdrängte holt einen mit großer Wahrscheinlichkeit doppelt und dreifach wieder ein, und zwar meist in Situationen, in denen wir es am allerwenigsten gebrauchen können.

Plötzlich kommt der Stress

Die neue Pressesprecherin einer Investmentbank muss in Abständen immer wieder in Interviews mit der Presse und manchmal auch einem Fernsehteam Rede und Antwort stehen. Vor allem vor Letzterem graust ihr regelrecht. Sie verdrängt diese Fernsehinterviews geradezu und bereitet sich somit auch nicht besonders darauf vor. Am Vorabend überfällt sie dann bereits eine starke Unruhe, gegen die sie sich jedoch abzulenken angewöhnt hatte, und in der Nacht vor einem TV-Interview schläft sie meist sehr schlecht. Sie vermeidet es, sich Gedanken zu machen, wie sie ihre Auftritte in den Interviews verbessern könnte. Im Coaching berichtet sie, dass es sie verwundere, wie dann aus heiterem Himmel Panikgefühle im Interview in ihr aufkämen. Dafür habe sie keinerlei Erklärungen.

In der Problemanalyse wird deutlich, dass sie die vor ihr liegenden Auftritte geradezu verdrängt und es sie dann kalt erwischt, wenn sie in den Interviews gewahr wird, dass sie gerade interviewt wird. Die Verdrängung führt regelmäßig dazu, dass ihr Nervensystem von dem Auftritt überrascht und somit auch überwältigt wird.

Wir reduzierten den Stress vor den kommenden Interviews mittels des emotionalen Selbstmanagements, also mittels Klopfen (S. 43). Wir besprachen, dass sie vor einem Auftritt immer wieder an den Auftritt denken und im Geiste durchspielen solle, wie sie sich dort gern erleben würde, und vor allem, wie sie mit komplizierten Fragen umgehen wolle.

Nach den nächsten Interviews berichtete sie, dass es ihr schon viel leichter gefallen sei. Vor allem das Klopfen, aber auch das konsequente Durchspielen der

Auftritte mit den möglichen auftretenden Stressoren seien ihr eine große Hilfe gewesen. Sie habe so oft an die Auftritte denken müssen, dass diese dadurch ein Stück normaler geworden seien. Auch hätten sie TV-Interviews überhaupt nicht mehr so überrascht. Eine gewisse leichte Grundnervosität blieb jedoch vor den TV-Interviews, was ihr jedoch nichts ausmache. Sie klopft vor solchen Interviews immer wieder ihre Lieblingspunkte[14] und kann dadurch den aktuellen Stress gut reduzieren. In den Interviews selbst fällt der Stress dann meist nach wenigen Sekunden ab.

Sie erfahren hier von sehr wirksamen und hilfreichen Techniken zur Verbesserung des Auftrittserlebens, die sich bei High Peak Performern und anderen sich in der Öffentlichkeit exponierenden Menschen tausendfach bewährt haben. Dabei geht es immer wieder vor allem um

- eine optimale Aufmerksamkeitsfokussierung (S. 92),
- ein optimales emotionales Selbstmanagement durch eine schnelle Auflösung von belastenden (Auftritts-)Erinnerungen und Ängsten vor kommenden Auftritten sowie um die Steigerung der Kompetenzzuversicht und des Wohlbefindens (S. 43),
- die Steigerung des Selbstwertgefühls (S. 76)
- und die Imagination zieldienlicher, also erfolgreicher innerer Bilder vor dem eigentlichen Auftritt bzw. Wettkampf (S. 70).

Die beschriebenen Techniken sind auch hilfreich und nützlich, um vor und in erheblichen Stresssituationen dennoch eine optimale Nutzung der vorhandenen Kompetenzen zu gewährleisten. Dies führt dazu, dass persönliche Bestleistungen trotz widrigster Umstände eher erbracht werden können und dabei eine größere Auftrittsfreude erlebt werden kann.

Gute Chancen trotz Anspannung

Dieses Buch richtet sich vor allem an Menschen, die sich bereits in einem angespannten Zustand befinden, da es nur noch wenige Wochen, Tage oder Stunden bis zum nächsten Auftritt sind. Da nun bekanntlich das Großhirn, also unser bewusstes Denken, unter Angst erheblich schlechter funktioniert, werde ich einen Teufel tun, Sie mit der Fülle von Informationen zu bombardieren, die zu diesem Thema erhältlich sind. Es gäbe natürlich sehr Vieles und sehr Interessantes zum Thema Lampenfieber, Auftrittsängste, Ängste allgemein, Höchstleistung, Neuroplastizität, Psychotherapieforschung, Authentizität, Fehlermanagement und Selbstwertgefühl, Glücks- und Flowforschung zu sagen. Dies zu lesen und zu verarbeiten bräuchte jedoch Zeit und eine gewisse Rechnerleistung Ihres Gehirns. Wenn das menschliche Gehirn aber schon zu sehr mit negativen Gefühlen auf den drohenden Auftritt reagiert, macht es wenig Sinn, es mit intellektuellen Erklärungen zu *belasten*, da die Aufnahmekapazität des Gehirns in solchen Situationen sehr begrenzt ist.

Wenn Sie jedoch genügend Zeit oder noch hinreichend viel innere Gelassenheit haben, werden Sie im Literaturteil einige spannende Buchempfehlungen finden. Wenn Sie einige dieser Bücher lesen, wird Sie das garantiert in Ihrer persönlichen Entwicklung und in Ihrer Performance-Kompetenz weiterbringen. Das vorliegende Buch soll Ihnen eine möglichst schnelle Soforthilfe bieten.

Wenn Sie kaum noch Zeit haben oder innerlich nicht mehr offen sind für eine umfassendere Beschäftigung mit dem Thema, bleibt Ihnen ohnehin nichts anderes übrig, als entweder weiter unter Ihrem störenden Lampenfieber zu leiden, oder Sie probieren einfach die hier beschriebenen Techniken aus, um sich Erleichterung zu verschaffen und Ihre Auftrittsfreude zu erhöhen.

Stress vor dem Assessment Center

Ein Assessment-Center (AC) ist ein betriebliches Auswahlverfahren oder auch Personalauswahlverfahren, in dem mehrere Beobachter (Führungskräfte, Vertreter der Personalabteilung, Psychologen, externe Berater u. a.) verschiedene (unternehmensinterne oder -externe) Kandidaten beobachten, beschreiben, beurteilen und einschätzen, um auf der Basis eines zugrunde liegenden Anforderungsprofils deren Eignung für eine konkrete Aufgabe bzw. Stelle zu bewerten. In vielen Unternehmen ist die weitere Karriere beendet, wenn man in diesem Auswahlverfahren keine positive Empfehlung von den Beobachtern bekommt. Demgemäß ist die Aufregung bei den Teilnehmern häufig auch sehr groß.

Ein 30-jähriger Produktentwickler hatte von seinem Vorgesetzten das Geschenk bekommen, an einem Assessment-Center teilzunehmen. Ihn selbst setzte diese Tatsache enorm unter Druck, sodass er dieses als Wertschätzung von seinem Chef gedachte Geschenk am liebsten abgelehnt hätte. Präsentationen und öffentliche Auftritte waren nie seine Stärke gewesen, weshalb es ihm auch schon vor dem Assessment-Center graste. Eine befreundete Kollegin aus der Personalentwicklung empfahl ihm ein Coaching, und so kam er zu einem AC-Vorbereitungscoaching. Er lehnte im Grunde das ganze AC ab, was natürlich dazu führte, dass er keinen Sinn in dieser Maßnahme erkannte (siehe S. 93). In dem Coaching zeigte sich, dass diese empfundene Sinnlosigkeit die Aufregung noch verstärkte.

Als er seinen Auftrittsstress vor allem mit dem emotionalen Selbstmanagement mittels Energetischer Psychologie deutlich reduziert hatte, kamen ihm plötzlich wider Erwarten doch einige Ideen, warum das AC sehr wohl für ihn Sinn machen könnte. Er schaffte es, das AC als positive Herausforderung zu sehen, was dazu führte, dass er tatsächlich für seine Verhältnisse relativ wenig aufgeregt war und das AC mit einer recht guten Empfehlung bestand. Er hatte zwar nicht vollständig seinen Auftrittsstress verloren und sich auch nicht zu einem Auftrittsenthusiasten entwickelt. Er hatte aber gelernt, Auftritte in der Öffentlichkeit als etwas Normales und zu seinem Berufsleben Dazugehöriges zu erleben.

Wenn Sie jetzt schon unter erheblichem Stress stehen und es ggf. auch schon zu spät ist, externe Hilfe in Anspruch nehmen zu können, dann sollten Sie wie bereits erwähnt mit der Klopftechnik zur Reduktion Ihres Stresserlebens beginnen (S. 43).

Was Sie bereits geleistet haben sollten

Es wird hier vorausgesetzt, dass Sie sich inhaltlich hinreichend auf Ihre Präsentation, Ihren Auftritt, Ihren Vortrag bzw. Ihren Wettkampf vorbereitet haben. Jeder, der sich in einem professionellen Kontext der

Öffentlichkeit präsentiert, muss natürlich vorher seine Disziplin intensiv gelernt, geübt und durchdrungen haben, muss sein Handwerk zu einem gewissen Grade beherrschen.

Der Manager, der in eine Vorstandssitzung geht oder einen Vortrag hält, weiß sicher ganz genau, was er sagen will. Er kennt seinen Bereich, kennt seine unternehmerischen Kennziffern und hat seine Materie inhaltlich durchdrungen. Der Musiker, der in der Öffentlichkeit musiziert, wird dies wohl nicht tun, ohne vorher intensiv und jahrelang sein Instrument studiert und sich mit Fragen der musikalischen Präsentation, der Interpretation und der Aufführungspraxis auseinandergesetzt zu haben, ferner wird er das zu spielende Stück hinreichend gut geübt haben. Jeder, der sich als Profi vor eine Fernsehkamera stellt oder eine Radiosendung moderiert, wird sich vorher wohl ausgiebig mit Interview- und Moderationstechniken, mit der Ausbildung seiner Stimme und dem Umgang mit der Kamera oder dem Mikrofon beschäftigen müssen. Der professionell vortragende Redner wird sich mit Präsentationstechniken, Rhetorik, Stimmbildung und vor allem mit seinen mitzuteilenden Inhalten beschäftigt haben. Der Pressesprecher wird sein Unternehmen und die Konkurrenz kennen und sich vielleicht mit provokativen Interviewtechniken beschäftigt haben. Der Mitarbeiter, der eine Präsentation z. B. in einer Projektgruppe vor sich hat, sollte natürlich inhaltlich wissen, was er zu sagen hat. Der Schüler oder Student wird sich vor der Präsentation z. B. eines Referates in das jeweilige Thema hinreichend gut eingearbeitet haben. Und der Spitzensportler wird natürlich im Training so gut sein, dass er im Wettkampf zumindest eine theoretische Chance hat, diesen zu bewältigen, wenn nicht sogar zu gewinnen.

Lampenfieber als Hinweis für eine unvollständige Vorbereitung

Hat sich jemand weniger gut (oder sogar schlecht) vorbereitet, so kann störendes Lampenfieber bzw. Auftrittsangst auch als ein wichtiger Hinweis gewertet werden, dass man noch nicht sicher in der Materie oder noch nicht hinreichend gut vorbereitet ist. Angst hat immer auch eine (teils lebenswichtige) Signal- und Schutzfunktion. Aber Vorsicht! Die meisten Menschen versuchen ausschließlich mit noch besserer inhaltlicher Vorbereitung ihr Auftrittsgefühl zu verbessern und machen sich nicht selten genau mit dieser Strategie nur noch verrückter.

Es soll hier also nicht darum gehen, Profis und allen anderen *Auftrittsmutigen* zu erklären, *was* sie fachlich-inhaltlich bei ihrem Auftritt zu machen haben, wenn sie erfolgreich sein oder sich verbessern wollen. Zumal jeder Präsentationsraum seine Eigengesetze hat. Ein Pfarrer in der Kirche spricht anders mit seiner Zielgruppe als ein Vorstandsvorsitzender auf einer Aktionärsversammlung. Auch wenn in beiden Fällen der Glaube an das eigene Wort und an das eigene *Unternehmen* eine große Rolle spielen mag. Es gibt jedoch jenseits von inhaltlicher, technischer und stilistischer Vorbereitung Prinzipien, die man kennen sollte, wenn man das Bestmögliche aus sich herausholen möchte bzw. wenn man größtmögliches Wohlbefinden bei einem öffentlichen Auftritt erleben will.

Die Geheimrezepte für bessere Gefühle bei öffentlichen Auftritten

«Jeder Mensch sucht unbewusst und bewusst nach Wohlbefinden, Lust, innerer und äußerer Sicherheit und Kompetenz.» Dies ist das Ergebnis umfangreicher Forschungsbemühungen des Wissenschaftlers Ronald Grossarth-Maticek, der sich jahrzehntelang intensiv mit den seelischen Bedingungen für Gesundheit beschäftigt hat.[15] Diese Erkenntnisse zeigen auch, was bei öffentlichen Auftritten wichtig ist. Nämlich Lust, Wohlbefinden, innere und äußere Sicherheit und Kompetenz.

Menschen machen immer etwas Ähnliches, wenn es bei öffentlichen Auftritten gut läuft und sie zu Höchstleistungen oder zu optimalem Wohlgefühl kommen. Es geht dabei um die Art und Weise, *wie* sie ihr Nerven- und Aufmerksamkeitssystem nutzen, in welcher Art und Weise sie mit sich selbst umgehen, wie sie sich selbst sehen und wie sie die anderen

Menschen sehen bzw. wie sie vermuten, dass die anderen Menschen sie sehen. Menschen, die ihre Auftritte genießen können, haben oft ein optimales Emotionsmanagement, damit sie auch in Extremsituationen punktgenau Bestleistungen erbringen können. Unsere Aufmerksamkeitsausrichtung, unseren innere Bilder und die Art und Weise unserer Selbstbeziehung entscheiden darüber, ob wir uns in Auftrittssituationen wohl oder übel fühlen, ob wir zu persönlichen Best- und Spitzenleistungen kommen oder ob wir uns quälen und ggf. sogar scheitern.

Bei alldem ist es wichtig, dass wir authentisch bleiben bzw. es werden. Wer sich (weiterhin) verbiegen und etwas darstellen will, was er nicht ist, wird sich vermutlich nie wirklich wohl bei einem öffentlichen Auftritt fühlen, da er immer Gefahr läuft, entlarvt zu werden, und das ist eben peinlich und schambesetzt. Was Auftrittsprofis machen, wenn sie sich gut auf der Bühne fühlen, können Sie in den Top Ten positiven Auftrittserlebens nachlesen (S. 92).

Lampenfieber und Auftrittsängste – Zwei der bestgehüteten Tabus?

«Niemand gibt es zu, aber fast alle haben es», so ein Musiker eines sehr renommierten deutschen Orchesters – Auftrittsangst und störendes Lampenfieber gehören zu den bestgehüteten Geheimnissen.

Bei der Beschäftigung mit den Phänomenen störendes Lampenfieber und Auftrittsängste betritt man sehr schnell vermintes Gelände, da die Betreffenden einen Gesichtsverlust befürchten, sollte etwas über ihre Ängste bekannt werden. Wenn ich mir jedoch nicht eingestehen kann, dass ich unter störendem Lampenfieber oder Auftrittsängsten leide, dann werde ich aufgrund meiner *Problemignoranz* diese Ängste niemals verändern können. Wenn ich zu meinen Fehlern und Schwächen stehen kann, dann brauche ich auch nicht zu fürchten, dass mir andere die Maske herunterreißen und ich mich dann, da entlarvt, schämen muss. Viele Menschen gestehen sich selbst und ihrer Umwelt gegenüber ihre Auftrittsängste nicht ein, da sie dem Irrglauben erlegen sind, dass man gegen diese Geißel *ohnehin nichts machen könne.* Auftrittsängste sind jedoch weder selten noch unveränderbar.

> So zeigten in einer Untersuchung an 19 großen kanadischen Orchestern 96 Prozent der Musiker Störungen, die im Zusammenhang mit Aufführungsängsten stehen. Eine englische Studie an zwei großen britischen Orchestern ergab, dass zwei Drittel der Orchestermusiker, alles Profis wohlgemerkt, unter Aufführungsängsten litten[16].

Störendes Lampenfieber und psychische Anspannung verursachen häufig psychosomatische Störungen, vor allem wenn man nichts gegen sie unternimmt. Diese psychosomatischen Störungen können die körperliche und psychische Belastungsfähigkeit dann weiter negativ beeinflussen[17].

Auftrittsangst ohne Heilungschancen?

Die wenigsten Menschen wissen, wie störendes Lampenfieber und Auftrittsängste zustande kommen und dass sie dagegen etwas unternehmen können. Tief verankerte und auf Hoffnungslosigkeit basierende Vorstellungen und Ideen brennen sich von Kindheit an in ihre Gehirne ein. Hier einige Glaubenssätze und vermeintlichen Patentrezepte:

- *Gegen störendes Lampenfieber und Auftrittsängste kann man ohnehin nichts machen,*
- *störendes Lampenfieber muss man haben,*
- *stell dir die Zuschauer oder Prüfer einfach nur nackt vor,*
- *das Publikum ist doof,*
- *denke, das Publikum sei Wasser,*
- *ohne Auftrittsangst leidet der Ausdruck,*
- *wer sich gut genug vorbereitet hat, kann keine Auftrittsängste mehr haben,*
- *Auftrittsängste sind Zeichen mangelnden Könnens,*
- *es dauert sehr lange, bis sich Auftrittsängste reduzieren lassen,*
- *etc.*

Leider sind dies sehr weit verbreitete, unverantwortliche und teils gesundheitsschädigende Denkweisen und Glaubenssätze.

Mit maximalem Stress ins Hörfunkstudio

Ein junger Hörfunkredakteur sollte bei seinem Sender in Zukunft auch Nachrichten sprechen. Da er sich zwar für einen guten Journalisten, jedoch für einen weniger begabten Sprecher hielt, hatte er nachvollziehbaren Stress bei diesen Einsätzen. In einem Workshop zur Verbesserung der Auftrittskompetenz wurde ihm klar, dass er diesen Studioeinsätzen irgendwie innerlich zustimmen musste, um nicht weiter unter ihnen zu leiden. Er konnte durch die Hilfe der Kollegen in der Gruppe diesen Sendungen allmählich etwas mehr abgewinnen, was die Grundlage dafür bildete, daran zu arbeiten, dass sich nun auch seine negativen Gefühle veränderten. Vor allem die Arbeit an seinen Glaubenssätzen, so z. B., dass er stimmlich nicht geeignet sei, bewegte einiges in ihm. Es tat ihm gut, dass die sehr erfahrenen Sprecher und Moderatoren in der Gruppe ihm signalisierten, dass er eine schöne Radiostimme habe und dass er lediglich etwas Sprechtraining machen müsse, um seine Sprechtechnik zu verbessern. Dies machte er in ein paar Einzelstunden bei einer Sprach- und Sprechtrainerin, während er die Aufregungsspitzen vor den Sendungen gut mittels emotionalem Selbstmanagement aus der Energetischen Psychologie in den Griff bekam. Nach wenigen Monaten hatte sich das Thema für ihn erledigt und er konnte die Einsätze als Ersatzsprecher als positive und ihn weiterbringende Herausforderung sehen.

Lampenfieber versus Auftrittsängste

Lampenfieber und Auftrittsängste sind nicht dasselbe, wie der Berliner Musiker und Mediziner Helmut Möller immer wieder betont. Diese Erkenntnisse sickern jedoch nur sehr spärlich in das Allgemeinwissen. Positives Lampenfieber ist leistungssteigernd und führt dazu, dass unser Gehirn besser und schneller funktioniert. Negatives Lampenfieber in Gestalt von Auftrittsängsten blockiert uns und führt dazu, dass unser Körper und unser Denken schlechter funktionieren. Bei (positivem) Lampenfieber erlebt sich der Betreffende als aktiv, er erlebt sich eher als *Schöpfer* und *Gestalter*; bei Auftrittsangst ist der Zustand passiv, der Auftretende erlebt sich eher als *Opfer* bzw. als ausgeliefert.

Auswirkung von Lampenfieber und Auftrittsängsten

Auswirkungen von Lampenfieber	Auswirkungen von Auftrittsängsten
Denken: Positive Selbsteinschätzung, Leistungsanstieg	*Denken:* Negative Selbsteinschätzung, Leistungsabfall
Verhalten: Verstärkung der Aktivität und der Wachheit, um Fehler zu vermeiden	*Verhalten:* Blockaden, Lähmungen bis hin zur Anforderungsvermeidung
Motorik: Sensomotorische Aufgaben werden besser bewältigt und gelöst	*Motorik:* Sensomotorische Aufgaben werden erheblich schlechter bewältigt
Wahrnehmung: Leistungssteigerung, verstärkte Konzentration	*Wahrnehmung:* Verschlechterung der Leistung im kognitiven wie psychischen Bereich

nach Möller (1999)

Die positive Funktion des Lampenfiebers besteht also darin, alle Kräfte zu mobilisieren, den Auftretenden in einen hellwachen und hochkonzentrierten Zustand zu versetzen.

Anhand des Yerkes-Dodson-Gesetzes ist gut ersichtlich, dass man für ein Leistungsoptimum ein mittleres Erregungsniveau benötigt. Sowohl eine Unterspannung als auch eine Übererregung reduzieren die Leistungsfähigkeit. Interessant ist an dem Kurvenverlauf auch, dass man bei Übererregung gar nicht so viel an Stress reduzieren muss, um wieder in seinem optimalen Leistungsbereich zu landen.

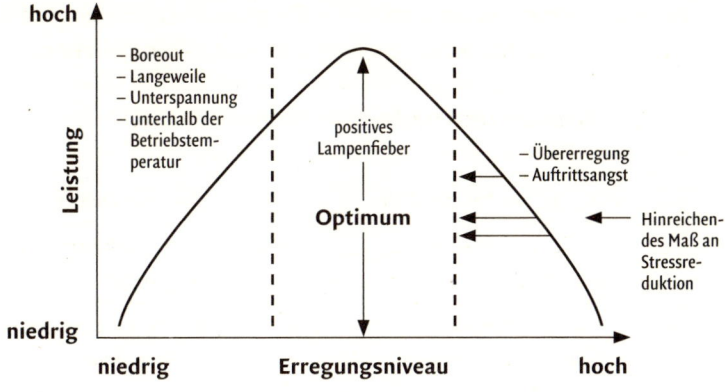

Abb. 1: Yerkes-Dodson-Gesetz (Textergänzungen M. Bohne)

Systemische Bedingungen für Auftrittsstress

Häufig liegen die Gründe für unser störendes Lampenfieber und unsere Auftrittsängste nicht so sehr in uns selbst als vielmehr in dem System, in dem wir auftreten. Wenn in einem System, sei es nun eine Firma, ein Orchester oder eine professionelle Fußballmannschaft, eine enorm hohe Erwartungshaltung vorhanden ist bzw. primär strafend mit Fehlern umgegangen wird, dann liegen die Gründe für den erhöhten Auftrittsstress eben vor allem in genau diesem System. Hierbei ist es trotzdem sinnvoll und hilfreich, sein eigenes emotionales Immunsystem gegen diese systemischen Angriffe abzuschirmen, also sein Selbstwertgefühl zu stärken (S. 76).

Einfluss auf die Ausdrucksfähigkeit

Es wird häufig unterschätzt, wie stark sich Auftrittsängste auf die Ausdrucksfähigkeit auswirken. Emotionen wie Angst oder Unsicherheit haben physiologische Folgen, die sicht- und hörbar werden können. Wir schalten z. B. affektiv-emotional auf Verteidigung (ggf. weil wir die Auftrittssituation unbewusst als existenzielle Bedrohung erleben) und wir haben sofort die passende Kognition, die passende Physiologie und das passende Verhalten parat. Der Betreffende leidet dann unter Herzrasen, Schweißausbrüchen und Muskelanspannung. Hierbei handelt es sich um die evolutionsbiologisch sinnvolle *fight or flight*-Reaktion. Sie ist ein Jahrmillionen altes biologisches Programm, welches unser Überleben gesichert hat. Es läuft automatisiert, unbewusst und schnell ab. Es versteht sich von selbst, dass bei Vorträgen, Präsentationen und Auftritten diese Flucht- oder Kampfphysiologie wenig hilfreich ist. In Auftrittssituationen sind eher physiologische Zustände des Sich-Öffnens und des Flow-Gefühls[18] hilfreich.

Alles fließt – Das Flow-Gefühl

«Flow bezeichnet einen Zustand des Glücksgefühls, in den Menschen geraten, wenn sie gänzlich in einer Beschäftigung ‹aufgehen›. Entgegen ersten Erwartungen erreichen wir diesen Zustand nahezu euphorischer Stimmung meistens nicht beim Nichtstun oder im Urlaub, sondern wenn wir uns intensiv der Arbeit oder einer schwierigen Aufgabe widmen.»[19]

Die spannendsten Erkenntnisse aus der Flow- und Glücksforschung dürften die sein, dass wir die positivsten Gefühle genau dann bekommen, wenn wir *erheblichen* Anforderungen ausgesetzt sind, die wir aufgrund unseres Fähigkeitenprofils jedoch gut bewältigen können. Sowohl Unter- als auch Überforderung führen zu Unwohlsein, Langeweile oder Ängsten[20].

Flow:
Man versinkt in seiner Aufgabe, taucht vollkommen ein in ein engagiertes Tun.
Handeln und Bewusstsein werden eins und verschmelzen im Geist der Tätigkeit[21].

1. Gutes, stärkendes Zielbild

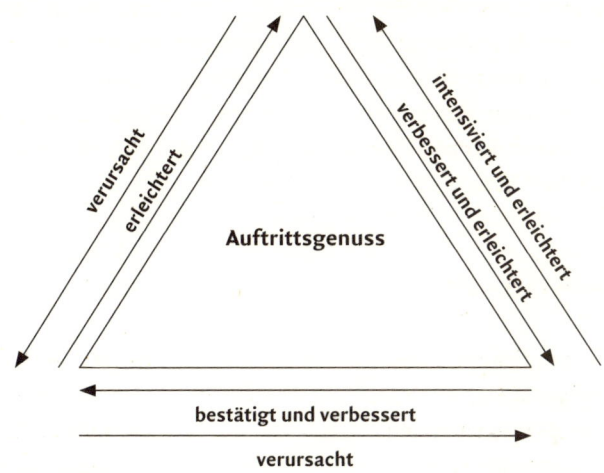

An dem Dreieck ist ersichtlich, dass die drei wesentlichen Auftrittszutaten sich gegenseitig bereichern können.

Erfolgswissen

Leere im Kopf

Neuere wissenschaftliche Erkenntnisse aus der biologischen Psychosomatik[22] deuten darauf hin, dass das Stresshormon Cortisol das Abrufen von Wissen aus dem Gedächtnis, also das Erinnern blockiert. Somit ist es auch aus medizinischer Sicht nicht verwunderlich, dass es in Stresssituationen, in denen das Cortisol erhöht ist, immer wieder zu sogenannten Black-outs kommt.

Stress und Angst führen überdies zu einer Zunahme von Standardassoziationen (wie z. B. «schwarz/weiß») und damit zu einer Abnahme kreativer und ungewöhnlicher Assoziationen[23]. Während sich in evolutionärer Hinsicht dieses Reaktionsmuster unzweifelhaft als Vorteil erwiesen hat, führt es unter den gewandelten Bedingungen einer Zivilisationsgesellschaft gelegentlich zu Fehlverhalten: «Wir alle wissen, dass ein ängstlicher Prüfling kaum in der Lage ist, seine Fähigkeiten der kreativen Anwendung des erarbeiteten Wissens auf neue Fragestellungen unter Beweis zu stellen.»[24] Auftritte, Präsentationen und Vorträge leben nicht zuletzt gerade von diesen *ungewöhnlichen Assoziationen*, derer ich mich also beraube, wenn ich mit Ängsten auftrete. Kreativität ist im Berufsleben von enormer Wichtigkeit. Immer mehr Aufgaben erfordern ein hohes Maß an Kreativität.

Der Auftrittskater

Da bei öffentlichen Auftritten unser Gehirn auf Hochtouren läuft, gibt es eine *psychologische* Reaktion, die der *physiologischen* Reaktion des Muskelkaters nach intensiver Muskelarbeit wie z. B. im Sport ähnelt, den Auftrittskater. Die Symptome sind natürlich andere als beim Muskelkater, da es sich beim Gehirn ja auch nicht um einen Muskel, sondern um eine Ansammlung von Nervenzellen handelt. Der Auftrittskater kann verschiedene Symptome aufweisen, so z. B. Unzufriedenheit mit sich und dem, was man beim Auftritt gesagt hat, Selbstzweifel, Verunsicherung, ggf. Scham und Peinlichkeit und erhöhte psycho-mentale Erschöpfung. Hierbei handelt es sich um ein häufig zu beobachtendes Phänomen. Die bekannte Radiomoderatorin und Erfinderin der WDR-Sendung *Hallo Ü-Wagen* Carmen Thomas vergleicht den Auftrittskater eher mit einem Kater nach Alkoholkonsum und legt großen Wert darauf, dass der Auftrittskater von Studiogästen im Radio oder Fernsehen durch die verantwortlichen Moderatoren und Redakteure *gestreichelt* werden müsse, den Betroffenen also eine besondere Form von Zuwendung zuteil werden solle. Ferner beschreibt sie den Auftrittskater als eine Art «Mini-Seelenkrise» und berichtet, dass viele Menschen ein «*wundes Gefühl danach*» hätten. Dies könne man auch als *vorübergehende Dünnhäutigkeit* beschreiben. Auftrittsverkaterte Menschen dächten dann häufig: «*Das hätte ich anders ausdrücken müssen; Das Wichtigste habe ich vergessen; Ach, da habe ich mich versprochen*».

Carmen Thomas beschreibt auch, dass viele Menschen nach dem Auftritt nicht mehr wüssten, was sie beim Auftritt gesagt hätten. Ganz besonders interessant sei es, dass der Auftrittskater Geübte wie Ungeübte ohne Unterschied befalle. Manche bekommen ihn, so die erfahrene Moderatorin, sofort nach einer Sendung, andere erst Stunden oder Tage danach. Carmen Thomas, die in ihrer Sendung *Hallo Ü-Wagen* innerhalb von 20 Jahren ca. 18 000 Menschen, sowohl Medienprofis als auch Medienunerfahrene als Gesprächspartner zu Gast hatte, hat aufgrund dieser großen Anzahl weitere sehr interessante Beobachtungen zum Thema Auftrittskater machen können:

«Am überraschendsten empfinde ich, dass der Auftrittskater auch bei Menschen erscheint, deren Redeleistung von allen als herausragend gut eingestuft wird.

Oft habe ich über die Geburtsstätte des Seelentiers nachgedacht. Am meisten leuchtet mir ein, dass jeder Auftritt eine Krise unseres Selbstwertes, also unseres Narzissmus, heraufbeschwören kann. Wir produzieren uns.

Das kann bei uns selbst – unter anderem – Angst und Stress und bei anderen gern Wut und Neid auslösen – Gefühle, die auf fruchtbaren Boden fallen. Denn meist verursacht es ja – neben der Befriedigung – auch ein schlechtes Gewissen, sich in den Mittelpunkt zu stellen. Schließlich geschieht das immer auf Kosten anderer, die dadurch am Rand stehen müssen, weil in der Mitte ja kein Platz mehr ist.»[25]

Aus dem Zitat dieser erfahrenen Radiomoderatorin wird deutlich, welche unangenehme innere Psychodynamik durch öffentliche Auftritte ausgelöst werden kann. Doch was tun, wenn einen dieses quälende Tier angefallen hat? Die negativen Gefühle können gut mit dem emotionalen Selbstmanagement mittels Klopfen behandelt werden (S. 43), und das *angekratzte* Selbstwertgefühl kann mittels Selbstwerttraining gestärkt werden (S. 76).

Das Erfolgsparadoxon

Als Erfolgsparadoxon bezeichne ich ein Phänomen, das mir durch die Arbeit mit High-Peak-Performern immer wieder begegnet ist. Vor allem die erfolgreichen und guten Leute in einer Disziplin erwarten Höchstleistungen von sich und wollen diese auch *abliefern*. Dadurch, dass sie sehr viel erreichen und sehr gut sein wollen, setzen sie sich jedoch massiv unter Druck und haben somit mit ihrer eigenen Erwartungshaltung die Messlatte extrem hoch gehängt. Dies führt dann häufig dazu, dass sie sich bei dem konkreten Auftritt ihren eigenen hohen Erwartungen gegenüber ausgeliefert fühlen bzw. dass der Druck zu einer Leistungsminderung führt. Erstaunlicherweise berichten Menschen, die öffentliche Auftritte, Wettbewerbe oder Extremsituationen besonders gut gemeistert haben, häufig, dass sie in dem Moment völlig gelassen waren oder dass es ihnen plötzlich irgendwie egal war, ob sie gut sein würden oder nicht. Sie waren einfach nur in ihrem Prozess und haben die Sache getan, um die es ging. Leider meinen einige Spitzenleister, dass man besonders gut sein *wollen* müsse, um auch wirklich gut zu sein. Wie z. B. der Dirigent eines sehr renommierten deutschen Orchesters, der am Vortag einer Premiere sagte: *«Morgen darf auf keinen Fall etwas schiefgehen, wir haben einen großen Tag vor uns und müssen alle unser Bestes geben, es dürfen uns keine Fehler passieren.»* Diese *Programmierung* führt eher dazu, dass die Beteiligten sich selbst sehr unter Druck setzen und somit die Wahrscheinlichkeit groß ist, dass ihre Leistungsfähigkeit sich vermindert.

Man könnte sagen, dass es als Spitzenleister wichtig ist, in der *Trainingsphase* sehr wohl hohe Ansprüche an sich zu haben und immer weiter an sich zu feilen, während man bei einem *Auftritt oder Wettkampf*, wenn es also drauf ankommt, eher eine gewisse innere *Gleichgültigkeit* dem Erfolg gegenüber erleben sollte. Dies immunisiert uns auch vor der allzu weit verbreiteten *Auftrittshysterie*, die viele Auftretende befällt. Nur wer wirklich in seiner Kraft ruht, kann sich voll und ganz auf die Sache konzentrieren und Spitzenleistung bringen. Wer zu viel will, setzt sich zu sehr unter Druck und läuft Gefahr, weit unter seinen Möglichkeiten zu bleiben. Dies ist auch die Erklärung dafür, warum extrem gute und erfolgreiche Leute manchmal aus scheinbar unerklärlichen Gründen scheitern.

Auftritts-Coaching als Selbst-Coaching

Viele Erkenntnisse aus der moderne Hirnforschung und reichhaltige Erfahrungen aus Auftritts-Coachings, mentalen Trainings und Psychotherapien bestätigen, dass es sich bei den Phänomenen störendes Lampenfieber und Auftrittsängste um ein sehr gut veränderbares Phänomen handelt[26] – wenn denn der Betreffende dieses Phänomen erst einmal als Problem anerkannt hat.

Im Sport, im Management und bei Profimusikern wird es mittlerweile immer selbstverständlicher, bei *Auftrittsproblemen* und extremen Herausforderungen mit einem Coach oder Mentaltrainer psycho-mental an der Bewältigung dieser neuen Herausforderungen zu arbeiten[27]. Die Volkswagen Coaching Gesellschaft[28] beschreibt Coaching als «*Gratifikation für Spitzenleistung*» – «*die Besten sollen besser werden*». Viele Medaillengewinner bei Olympiaden haben sich in Interviews explizit bei ihren Mental-Coaches für die hilfreiche Unterstützung bedankt. Im Jahr 2007 fand in Heidelberg unter dem Titel *Mentale(s) Stärken* ein Kongress zum Thema Leistungssteigerung im Sport und anderen Leistungsbereichen statt, zu dem ca. 50 der führenden Mentaltrainer, Sport- und Auftrittscoaches aus aller Welt zusammenkamen und ihre Erfahrungen vor ca. 800 Kongressteilnehmern austauschten[29].

Es ist also nur professionell und intelligent, sich Unterstützung, egal in welcher Form, zu holen, um seine öffentlichen Auftritte und Wettkämpfe mit besseren Gefühlen und Gedanken zu bewältigen und somit letztendlich auch erfolgreicher zu sein.

Jedes Mal vor dem Tor bekomme ich Panik

Ein Profifußballspieler bekam immer eine ganz eigene Form von Auftritts-stress, wenn er am Ball war und kurz vor dem gegnerischen Tor eine eindeu-tige Torchance hatte. Bei komplizierten Pässen und in eigentlich ungünstigen Situationen behielt er die Nerven. Aber wenn alle Welt dachte, «den haut er rein», machte er einen Fehler nach dem anderen, verriss den Ball oder ließ ihn sich auf manchmal geradezu peinliche Art und Weise von einem gegnerischen

Spieler abnehmen. Im Sportcoaching wurde deutlich, dass ihn die Erwartungshaltung der Zuschauer, der Mannschaft und des Trainers in solchen Situationen erheblich unter Druck setzte. Er bekam Stress, scheiterte und geriet danach in eine Selbstwertkrise, was seine Spielleistung in dem jeweiligen Spiel weiter und nachhaltig verschlechterte, da er nicht mehr von sich überzeugt sein konnte. Interessant war auch, dass er sich in den Momenten vor dem gegnerischen Tor wieder so klein fühlte wie damals, als er in den Fußballverein kam und die anderen Spieler als erfahrener erlebte.

Ein Selbstwerttraining und die Übung, in solchen Situationen so alt zu bleiben, wie er tatsächlich ist, führten dazu, dass er wesentlich gelassener wurde. Als wir noch einen positiven und selbstwertstärkenden Leitspruch für solche Situationen fanden, der ihm richtig Spaß machte, erhöhte er seine Trefferquote erheblich. Er sagte sich dann immer: Es gibt nur mich, den Ball und dieses riesengroße Toooor.

Kapitel 2 – Klopfen gegen Lampenfieber

«Vor der Wirkung glaubt man an andere Ursachen
als nach der Wirkung.»
Friedrich Nietzsche, Die fröhliche Wissenschaft

Die meisten Menschen haben Befürchtungen oder Ängste vor öffentlichen Auftritten, fühlen sich unwohl oder sind aufgeregt. Die vorherrschenden negativen Gefühle bei öffentlichen Auftritten sind verschiedene Ängste, wie z. B. Angst zu scheitern, Angst vor einem Black-out, Angst sich zu blamieren, Angst etwas Peinliches zu machen, Angst abgelehnt zu werden, aber auch Gefühle von Scham, Peinlichkeit, Ausgeliefertsein, Hilflosigkeit oder Verlassenheit. All diese Gefühle entstehen hauptsächlich in den Tiefen unseres Gehirns, dem limbischen System. Unsere Gefühle bestimmen maßgeblich die Art und Weise, wie wir denken, was wir von der Welt wahrnehmen, wie wir eine Situation einschätzen und was wir uns zutrauen. Die meisten Menschen kennen das: Man hat einen Gruseloder Horrorfilm gesehen und ist danach irgendwie schreckhafter und ängstlicher. Man schaut vielleicht nochmals nach, ob die Haustür auch wirklich abgeschlossen ist, die Fenster geschlossen sind, sich wirklich niemand unter dem Bett, hinter der Tür oder im Schrank befindet. Das bewusste Denken geht in diesem Moment also von einer tatsächlichen Gefahrenmöglichkeit aus. Ähnlich ist es auch vor öffentlichen Auftritten. Haben wir Angst vor dem Auftritt, so können wir uns sehr lebhaft vorstellen, was da alles schiefgehen könnte.

Anders, wenn wir uns stark und sicher fühlen, uns z. B. in einer größeren Gruppe von uns wohl gesonnenen Menschen befinden, wenn wir verliebt sind, den Film «Highlander» im Kino gesehen haben («*Es kann nur einen geben*»), einen Superauftritt aufs Parkett gelegt oder gerade etwas Großes vollbracht haben. In solchen Situationen fühlen wir uns selbst trotz möglicher realer Gefahren meist sicher und wohl, trauen uns viel zu, suchen förmlich die Herausforderung, nehmen Aufträge und Auftritte an, die uns sonst Angst eingejagt und unter Stress gesetzt hätten, und gehen selbstsicher durch den dunklen Wald oder fühlen uns einfach nur stark, gut und auf Augenhöhe auch anderen Menschen gegenüber.

Unsere Gefühle herrschen also über unser Denken. Dieses Phänomen hat der Schweizer Psychiater, Wissenschaftler und Buchautor Luc Ciompi eindrücklich als Affektlogik beschrieben.[30] Auch die aktuelle Hirnforschung hat die Bedeutung der Emotionen für unsere Wahrnehmung und unser Denken beschrieben. Es ist also wichtig und hat massive Konsequenzen auf die Funktionsfähigkeit unseres Gehirns, bei öffentlichen Auftritten in einem guten Gefühlszustand aufzutreten.

Bedeutung des emotionalen Selbstmanagements bei öffentlichen Auftritten

Was hat es nun aber mit dem Klopfen auf sich, und warum sollte man bei Auftrittsstress oder bei anderen unangenehmen Gefühlen sich selbst beklopfen? Die Klopftechnik der Energetischen Psychologie stellt eine der wirksamsten Techniken zur Behandlung von Ängsten, traumatischen Erinnerungen und anderen dysfunktionalen Gefühlen dar[31]. Ferner ist sie wohl das wirksamste emotionale Selbstmanagementinstrument, das es zurzeit gibt, auch wenn die wissenschaftlichen Beweise dafür noch ausstehen. Die Klopftechnik stellt aufgrund ihrer in der Praxis so überzeugenden Wirksamkeit *eine* wesentliche Säule in Auftritts-Coachings dar. Sie wirkt direkt und schnell in den Tiefen unseres Gefühlshirns[32].

Warum klopfen?

Gefühle haben sehr viel mit Körperwahrnehmungen zu tun. Deshalb erscheint es nur logisch, den Körper bei der Veränderung negativer Gefühlszustände mit einzubeziehen. In der Energetischen Psychologie werden durch Selbstwirksamkeitserfahrungen wie Selbstbeklopfen, verschiedene neuronale Selbststimulationen

und differenzierte Selbstakzeptanzstrategien die emotionalen und kognitiven Verarbeitungsprozesse günstig beeinflusst. Negative dysfunktionale Emotionen und einschränkende Kognitionen und Selbstsabotagemuster werden sehr wirkungsvoll und in oft erstaunlich kurzer Zeit behandelt bzw. aufgelöst. Hierbei ergeben sich trotz dieser Schnelligkeit tief greifende Wirkungen und Veränderungen. Aus neurobiologischer Sicht werden durch eine *multiple neuronale Stimulation* (Klopfen, Augenrollbewegungen, Summen, Zählen, Affirmationen aussprechen, etc.) problematische Wahrnehmungsmuster durchbrochen und aufgelöst. Die dysfunktionale negative Steuerungsgewalt des limbischen Systems, also des Gefühlshirns, wird unterbrochen, was zu einer vernunftorientierteren Einschätzung und Reaktion führt. Einschränkende Glaubenssätze können in zieldienliche Kognitionen transformiert werden. Durch eine selbstakzeptierende Integration unliebsamer Persönlichkeitsanteile und dysfunktionaler Selbstbeziehungsstrategien wird die Wahrscheinlichkeit für eine anhaltende positive Veränderung deutlich erhöht[33].

Da an anderer Stelle die Energetische Psychologie bereits hinreichend beschrieben worden ist[34], sollen hier nicht nochmals die Hintergründe und Wirkhypothesen dargestellt werden. Im Literaturteil finden sich jedoch einige Buchempfehlungen zu diesem Thema.

In der nun folgenden Beschreibung der Klopftechnik wird für die Leserinnen und Leser, für die die Energetische Psychologie neu ist, erklärt, warum man was bei der emotionalen Selbstmanagementtechnik mittels Klopfen macht[35].

Viele Menschen finden es eigenartig und irgendwie peinlich, bei Ängsten und Aufgeregtheit auf bestimmte Akupunkturpunkte ihres Körpers zu klopfen, und belächeln diese Technik. Es sieht vielleicht wirklich etwas ungewöhnlich aus, wenn man sein Gesicht, seinen Brustkorb oder seine Finger beklopft. Wir haben eben wenig bis keine Referenzerfahrungen im Alltag mit der Beklopfung unseres Körpers zur Verbesserung unserer Gefühle gemacht. Auf der anderen Seite sieht ein Mensch, der bei einem öffentlichen Auftritt mit zittriger Stimme spricht, auch nicht gerade besonders cool aus. Seien Sie einfach experimentierfreudig und neugierig. Ich bin sicher, es wird sich für Sie lohnen.

Im Grunde ist das *Klopfen gegen Lampenfieber* einfach anzuwenden. Sie sollten die Klopfabfolge jedoch ein paar Mal durchlaufen, damit Sie die innere Logik und den Ablauf verinnerlicht haben. Es handelt sich beim *Klopfen gegen Lampenfieber* um eine Kombination verschiedener Einzeltechniken, die man auch je für sich allein anwenden kann. Die vorgeschlagene Reihenfolge bietet sich jedoch an, da durch sie eine optimale Anwendung gewährleistet ist.

Wichtig ist, dass man immer auf zwei Ebenen, aus zwei Blickwinkeln, an die Auflösung des Auftrittsstresses herangeht, ich nenne das bifokal.

★ Auf der Ebene der **selbstsabotierenden *Gedanken, Selbstvorwürfe* und dysfunktionalen *Glaubenssätze* (Großhirnrinde).** Diese werden dann mittels Selbstakzeptanzübung (S. 82) behandelt,

★ auf der Ebene der **negativen, einschränkenden *Gefühle* (Gefühlshirn, also limbisches System).** Diese werden mit dem Beklopfen der Akupunkturpunkte verändert (S. 43).

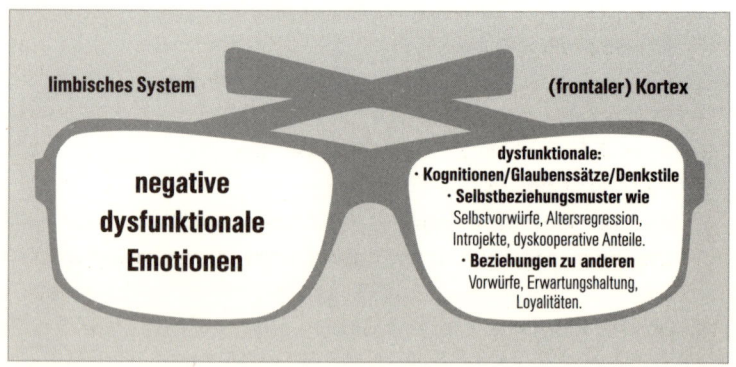

Wenn Sie ein negatives bzw. Sie blockierendes Gefühl haben, das Sie verändern möchten, so notieren Sie es sich auf einem leeren Blatt Papier und beklopfen Sie sich bitte immer hinsichtlich dieser zwei Ebenen.

Wenn Sie also Angst vor öffentlichen Auftritten haben, dann würden Sie zum einen diese Angst und alle Ängste und anderen negativen Gefühle, die Sie dahinter vermuten, aufschreiben, wie z. B.:

- Angst vor einem öffentlichen Auftritt,
- Angst zu versagen,
- Angst vor einem Black-out,
- Angst, den Text zu vergessen,
- Angst, die Kontrolle zu verlieren,
- Angst, dass alle sehen, dass Sie Angst haben,
- Angst, verrückt zu werden,
- Angst, dass die Zuhörer Sie blöd finden,
- sich hilflos fühlen,
- Angst zu erröten,
- Schamgefühle und Peinlichkeit,
- etc.

Und dann können Sie die **selbstsabotierenden *Gedanken, Selbstvorwürfe und Glaubenssätze*** aufschreiben, die Sie ggf. auch aus den Tabellen 1–3, S. 82–86, erarbeitet haben, wie z. B.:

- *Öffentliches Auftreten ist gefährlich,*
- *Ich bin ein Idiot, dass ich Angst vor öffentlichen Auftritten habe,*
- *Andere können das eh besser als ich,*
- *Ich werde bestimmt von den Zuhörern angegriffen,*
- *Ich bin nicht gut genug vorbereitet,*
- *Ich habe es gar nicht verdient, meine Auftrittsangst zu überwinden,*
- *Die Zuhörer sind bestimmt netter zu mir, wenn ich unsicher und ängstlich bin,*
- *etc.*

Nun haben Sie sehr viel wirklich wichtiges diagnostisches Material, also die betreffenden Gefühle und Glaubenssätze, um zu verstehen, wie Ihre Auftrittsängste zusammengesetzt sind und an welchen Stellen Sie Ihren Veränderungshebel ansetzen können.

Die 8 Schritte des emotionalen Selbstmanagements

Als erste Übersicht lesen Sie sich bitte auf den folgenden Seiten die genaue, ausführliche Beschreibung des emotionalen Selbstmanagements mittels Klopfen durch. Weiter hinten ist dann eine Kurzform für Ihren persönlichen emotionalen Selbstmanagementprozess abgebildet (S. 62). In der ausführlichen Beschreibung wird auch erklärt, welche Funktion die einzelnen Übungen haben, sodass Sie genau verstehen können, warum Sie was genau machen.

Schritt 1:
Fokussieren Sie sich auf das Thema bzw. das Gefühl, das Sie verändern wollen.

Schritt 2:
Den Stress, die Belastung einschätzen. Wie unangenehm ist dieses Gefühl auf einer Skala von 0–10 *jetzt*? 0 bedeutet kein Stress oder Unbehagen und 10 bedeutet maximaler Stress bzw. maximales Unbehagen. Diese Einschätzung des Stresses können Sie nach jedem Klopfdurchgang, nach jeder Zwischenentspannung oder einfach zwischendrin immer wieder wiederholen, um zu erkunden, was sich an Ihrem Thema schon geändert hat.

Schritt 3:
Überkreuz- und Fingerberührübung (das Gehirn fit machen für die Veränderung). Führt dazu, dass beide Hirnhälften besser miteinander kommunizieren.

Überkreuzsitz

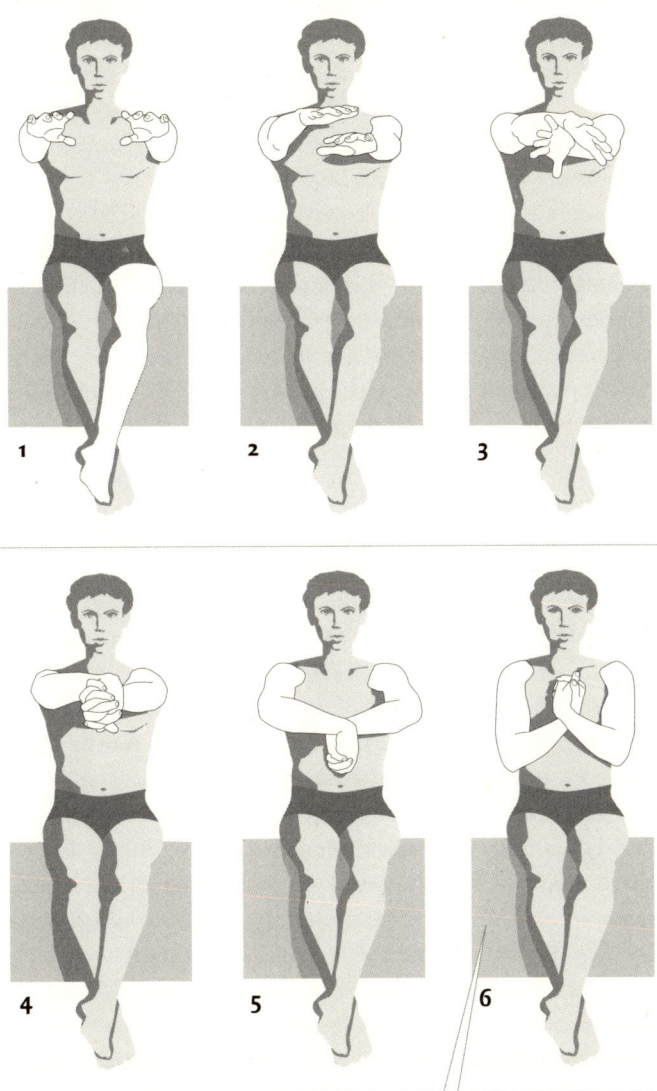

1

2

3

4

5

6

Visualisieren Sie bei geschlossenen Augen den Begriff «Balance», z. B. als Waage

Bei der Überkreuzübung sollten Sie darauf achten, dass sich die Positionen der Beine und Arme angenehm anfühlen. Bei den meisten Menschen ist dies der Fall, wenn der linke über dem rechten Knöchel liegt und der rechte Arm über dem linken liegt (siehe Abbildung). Falls es bei Ihnen jedoch anders ist, so ist das völlig in Ordnung. Sie sollten jedenfalls eine für Sie angenehme Position einnehmen.

Wenn Sie zum Schluss die Augen geschlossen halten, sollten Sie sich ganz auf den Atem konzentrieren. Beim Einatmen sollte die Zunge den oberen Gaumen berühren, und beim Ausatmen sollte sie sich wieder lösen. Während der Übung können Sie sich vor dem inneren Auge eine ausbalancierte Pendelwaage vorstellen, um so dem Gehirn ein Bild von Balance zu präsentieren. Sie können sich innerlich auch das Wort *Balance* sagen. Die Übung sollte etwa 30 Sekunden bis zwei Minuten dauern.

Was macht die Überkreuzübung in unserem Gehirn?

Die Überkreuzübung ist eine optimale Vorbereitung des Gehirns für die emotionale Veränderung. Sie führt zu einer besseren Kooperation der beiden Hirnhälften. Durch die beschriebene *verdrehte* Positionierung der Arme und Hände wird unser Gehirn extrem dazu gezwungen, sich klar zu machen, wo genau sich die Hände und die einzelnen Finger gerade befinden. Dies führt dazu, dass beide Hirnhälften gefordert sind, miteinander zu kommunizieren. Hieraus resultiert eine *Durchbrechung der wechselseitigen Abschottung der Hemisphären*. Genauso wie die immer wiederkehrenden bilateralen Stimulationen, also alle abwechselnden Rechts-links-Aktivierungen bei der Zwischenentspannung. Durch diese Durchbrechung der gegenseitigen Abschottung der Hemisphären kann das Gehirn rationale und emotionale Erinnerungsaspekte, die zuvor isoliert waren, wieder besser miteinander verknüpfen. Eine Umstrukturierung der Erinnerung kann so besser erfolgen[36]. Dies, so wird vermutet, führt mit zu einer Auflösung negativer Assoziationsmuster.

Fingerberührübung

Die Fingerspitzenberührübung ist eine Fokussierungs- und Zentrierungsübung. Sie soll dazu führen, sich zentrierter zu fühlen, d. h. dass Sie sich innerlich im Lot fühlen.

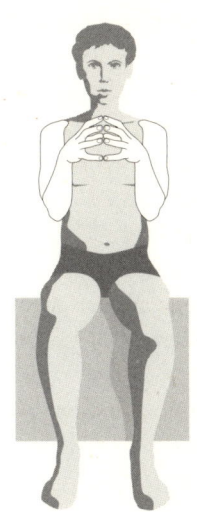

Die Ellenbogen liegen am Körper seitlich an und die Zunge sollte wieder beim Einatmen den oberen Gaumen berühren und sich beim Ausatmen wieder lösen. Auch diese Übung sollte ca. zwischen 30 Sekunden und zwei Minuten dauern. Die Augen können geschlossen oder offen sein.

Schritt 4:

Selbstakzeptanzübung: *... Auch wenn ich Stress vor öffentlichen Auftritten habe, liebe und akzeptiere ich mich so, wie ich bin.*

Dieser Satz wird dreimal laut ausgesprochen.

Die selbstakzeptierenden Aussagen haben immer die gleiche logische Struktur. *Auch wenn ich ..., liebe und akzeptiere ich mich so, wie ich bin!* Ich liebe und akzeptiere mich *trotz* meiner bzw. *mit* meinen Problemen, Einschränkungen und Unzulänglichkeiten.

Mit der **Selbstakzeptanzübung** werden die selbstsabotierenden Gedanken, Selbstvorwürfe und dysfunktionalen Glaubenssätze (linkes Brillenglas der Brille) verändert. Man akzeptiert sich *trotz* des jeweiligen Problems. Selbstakzeptanz verbessert die Selbstbeziehung und beendet die Selbstentwertung. Das wiederum schont die eigenen Energieressourcen. Es werden dezidierte Selbstakzeptanzsätze bezogen auf alle Aspekte des jeweiligen belastenden Themas herausgearbeitet und laut ausgesprochen. Während des Aussprechens wird der sogenannte Selbstakzeptanzpunkt[37] gerieben (also nicht geklopft). Dies ist der einzige Punkt, der gerieben und nicht geklopft wird. Der Grund dafür liegt darin, dass es sich bei ihm nicht um einen Akupunkturpunkt handelt, sondern um einen körperlichen Reflexpunkt. Dieser Reflexpunkt liegt auf der linken Seite zwischen

Selbstakzeptanzpunkt

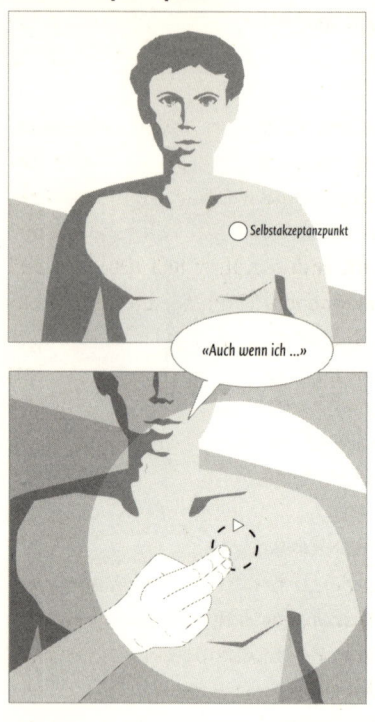

Selbstakzeptanzpunkt

«Auch wenn ich ...»

dem Schlüsselbein und der Brust und fühlt sich etwas schmerzhaft an, wenn man ihn reibt.

Auch nach der Selbstakzeptanzübung können Sie sich fragen, wie hoch der Stress nun ist. Es kann nämlich durchaus sein, dass das negative Gefühl sich schon durch die Selbstakzeptanzübung deutlich reduziert. Fragen Sie sich lieber einmal mehr, wo der Stress nun liegt, als einmal zu wenig. Denn die wiederholte Kontaktaufnahme mit dem emotionalen Stress hilft auch, die negativen Gefühle zu reduzieren.

Wenn wir gerade auf der Straße der Gewinner fahren, von allen gefeiert werden, erfolgreich und beliebt sind und alles im Leben einfach nur super läuft, ist es keine große Leistung, sich zu lieben und zu akzeptieren. Nach dem Motto: Klar habe ich mich in dem Moment akzeptiert und zutiefst geliebt, als ich die Präsentation vor dem Vorstand bravourös gemeistert habe oder alle Zuschauer begeistert von meiner Darbietung waren, ich den 1. Preis beim Wettbewerb gewonnen habe oder in Stockholm vom schwedischen König den Nobelpreis überreicht bekommen habe.

Allerdings brauchen wir es in diesen Situationen auch nicht so sehr, wie wenn es uns nicht gut geht: Wenn einiges im Leben wieder mal schief-läuft, wir uns frustriert, unsicher und gerade mal wieder voller Fehler und Unzulänglichkeiten fühlen oder erleben. Genau in diesen Situationen, wo wir es eigentlich am allernötigsten hätten, dass wir geliebt und akzeptiert werden, entziehen wir uns oft selbst die Loyalität und prügeln noch mit Selbstvorwürfen und Entwertungen auf uns ein. So richtig plausibel erscheint mir das nicht, oder etwa Ihnen?

Interessant an der Formulierung «liebe und akzeptiere ich mich ...» ist auch, dass sowohl der Verstand (akzeptiere) als auch das Gefühl (liebe) angesprochen werden. Diese selbstakzeptierende Selbstannahme wirkt quasi auf zwei Ebenen und immunisiert so gegen schwächende Energien. Ganz nach dem Motto: «Wenn ich mich akzeptiere und liebe, wer will denn da noch gegen mich sein?» Viele Menschen können sich aber nicht akzeptieren, gerade weil sie ja das Problem haben. Fatal daran, das Problem bzw. sich mit dem Problem nicht zu akzeptieren, ist, dass wir mit dem Problem eben jenen Persönlichkeitsanteil in uns ablehnen, der dieses Problem hat. Wir lehnen also einen Teil von uns selbst ab. Nun sind wir schon geschwächt durch das Leid bzw. das Problem und setzen dann noch einen drauf.

> **Hirnforscher haben herausgefunden, dass Hirnareale, wie etwa die Amygdalae, also die Mandelkerne, die mit negativen Empfindungen, wie z. B. Trauer, Angst und Wut in Zusammenhang stehen, offensichtlich durch Liebesgefühle zum Schweigen gebracht werden[38]. Dies könnte auch erklären, warum die Aussagen zur Selbstannahme und Selbstliebe während einer Klopfsequenz häufig direkt so positive und Stress reduzierende Auswirkungen haben.**

Heilung hat immer etwas mit Ganzwerdung zu tun. Es mag deshalb also paradox erscheinen, aber ein Problem können wir erst dann lösen und loslassen, wenn wir akzeptieren, dass wir es auch haben.

Wir verbrauchen meist unendlich viel Energie damit, unsere Probleme vor uns und der Welt zu verbergen. Das ist zum einen Energieverschwendung, und zum anderen macht gerade diese Tatsache, *nicht* zu unseren Problemen zu stehen, uns angreifbar. Wenn wir hingegen zu unseren Problemen und Unzulänglichkeiten stehen, brauchen wir keine

Angst mehr vor Entlarvung zu haben. Wenn wir uns jedoch im Geheimen etwas vorwerfen und alle Energien darauf verwenden, nach außen eine weiße Weste zu haben, sind wir angreifbar für andere. Wir geben dem Vorwurf der anderen im Voraus schon Recht. Stehen wir zu uns mit unseren Schwächen und Einschränkungen, immunisieren wir uns gegen Angriffe.

Also nur Mut zur Selbstakzeptanz trotz vermuteter Hässlichkeit und Mangelhaftigkeit. Selbstliebe und -akzeptanz machen übrigens auch unabhängiger davon, von anderen geliebt und akzeptiert werden zu *müssen*.

Man kann beobachten, dass Menschen, die die Selbstakzeptanzübung häufig praktizieren, sich nach geraumer Zeit mehr annehmen, lieben und akzeptieren können, auch ohne explizit die Selbstakzeptanzübung durchzuführen, also auszusprechen. Es lohnt sich also, etwas Zeit zu investieren. Sie verändern so Ihre Grundhaltung sich selbst gegenüber. Auch kann man die Beobachtung machen, dass nach häufiger Anwendung des emotionalen Selbstmanagements mittels Klopfen negative Gefühle nicht mehr eine so anhaftende Wirkung in uns zu haben scheinen. Es lohnt sich also, häufig zu klopfen, da Sie damit die *Klebrigkeit* negativer Gefühle verringern können.

Schritt 5:
Akupunkturpunkte klopfen: An die negativen Dinge, negativen Gefühle *denken*, sie sich *intensiv vorstellen* oder *aussprechen* (z. B.: *meine Angst vor öffentlichen Auftritten ...*) und währenddessen die Akupunkturpunkte klopfen.

Mit dem **emotionalen Selbstmanagement mittels Klopfen** werden also die negativen Emotionen (rechtes Brillenglas) reduziert. Dabei müssen Sie an das zu verändernde negative Gefühl *denken* und nacheinander die 16 Punkte oder Ihre *Lieblingspunkte* beklopfen. Es werden alle Meridiane im Sinne einer Gießkannentechnik beklopft, da wir ja nicht genau wissen, welcher Meridian bei Ihnen in diesem speziellen Fall betroffen ist. Wir klopfen mit den Fingerkuppen bzw. Fingerenden des Zeige- und

Mittelfingers der rechten oder linken Hand auf die jeweiligen Akupunkturpunkte. Je Punkt kann man zwischen 5 und 25 Mal klopfen (ca. zwei Schläge pro Sekunde). Es ist gut, während des Klopfens darauf zu achten, an welchem Punkt ggf. eine besonders starke (positive) Reaktion oder Entspannung auftritt. An diesem intuitiv gefundenen Punkt könnten Sie jetzt bis zu mehrere Minuten klopfen, da dieser mit hoher Wahrscheinlichkeit auf einem für Ihr Problem verantwortlichen Meridian liegt. Bei diesem Vorgehen handelt es sich um das *intuitive Klopfen*. Sie schulen sich dabei zugleich, immer besser in sich hineinspüren zu können, was Sie für die kreative Nutzung Ihrer Intuition gut gebrauchen können.

Anstatt nur an das Thema zu denken, könnte es auch sinnvoll sein, das Thema an jedem Punkt neu zu *benennen*, also *auszusprechen*, z. B. *«Meine Angst, mich bei öffentlichen Auftritten zu blamieren.»* Hierbei ist es wichtig, das Problem möglichst konkret zu benennen.

Sie können entweder nur auf ein Gefühl, z. B. Angst, fokussieren oder, wenn mehrere Gefühle zu dem Thema gehören, gleichzeitig an mehrere Gefühle denken, z. B. zusätzlich Hilflosigkeit, Hoffnungslosigkeit etc. Sollte sich ein Gefühl nicht mit auflösen, sollten Sie den Klopfdurchgang ausschließlich mit diesem Gefühl wiederholen.

Sinn und Zweck des Aussprechens ist es, im Kontakt mit dem Problem zu bleiben, es sozusagen *am Köcheln* zu halten. Wenn Sie zu den Menschen gehören, die besser Kontakt zu einem Problem bekommen, wenn sie nur daran denken, es also visualisieren, dann sollten Sie ohne zu sprechen daran denken, während Sie sich beklopfen. Wenn Sie mehr Kontakt zum Problem bekommen, wenn Sie es laut aussprechen, dann sollten Sie das Problem benennen, während Sie sich beklopfen. Sie können auch experimentieren, was Ihnen besser gefällt, und das dann praktizieren. Vielleicht beobachten Sie auch unterschiedliche Vorlieben, z. B. bei einer Angst ist es für Sie besser, nur daran zu denken, und bei einer Wut sprechen Sie diese lieber laut aus.

Nach jedem Klopfdurchgang können Sie sich fragen, wo auf der Stress-Skala von 0–10 der Stress nun liegt.

Klopfpunkte

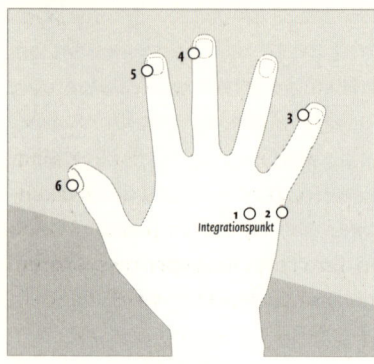

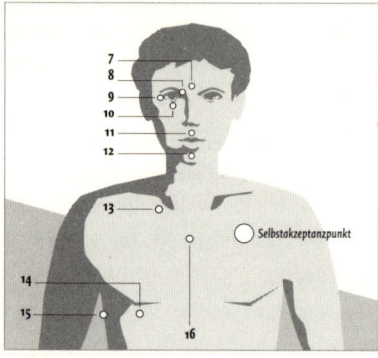

Hier liegen die Klopfpunkte (Die Seite ist egal):

1. Auf dem Handrücken zwischen dem Kleinfinger- und dem Ringfinger.
2. An der Handkante, und zwar dort, wo sich eine Falte bildet, wenn man eine Faust schließt. In Höhe des Kleinfingerknöchels.
3. Am Nagelfalz des Kleinfingers.
4. Am Nagelfalz des Mittelfingers.
5. Am Nagelfalz des Zeigefingers.
6. Am Nagelfalz des Daumens.
7. Zwischen den Augenbrauen (sog. Drittes Auge)
8. Auf der Augenbraue am Innenwinkel.
9. Am Auge seitlich.
10. Unter dem Auge, auf dem Jochbogen.
11. Unter der Nase.
12. Zwischen der Unterlippe und dem Kinn.
13. Ca. zwei Querfinger unterhalb des Schlüsselbeins, im Zwischenrippenbereich.
14. Zwischen der Brust und dem Rippenbogen.
15. Unter dem Arm, ca. eine Handbreite unter der Achsel (kann man auch mit der flachen Hand beklopfen).
16. Im oberen Drittel des Brustbeins.

Die Meridian- und Akupunkturpunkte

Bei den 16 Punkten handelt es sich um Akupunkturpunkte, die auf den Meridianen und Sammelgefäßen liegen. Für die Anwendung des emotionalen Selbstmanagements mittels Klopfen ist es nicht nötig zu wissen, um welche Akupunkturpunkte und welche Meridiane es sich dabei genau handelt. Ganz im Gegenteil, das Meridiansystem der Traditionell Chinesischen Medizin (TCM) ist ein hochkomplexes und somit für den Ungeübten sehr verwirrendes System. Wir erlauben uns hier beim Klopfen eine radikale Komplexitätsreduktion und müssen nur wissen, wo die Punkte sind, die wir beklopfen. Ansonsten würde die Verwirrung über die Komplexität des Systems sich in das von uns zu entrümpelnde Thema hineinschieben. Das könnte den Entrümpelungsprozess stören. Wenn Sie genau wissen wollen, um welche Punkte es sich handelt, sollten Sie in der weiterführenden Literatur nachschlagen[39].

Beim Beklopfen der Punkte achten Sie bitte sehr genau darauf, an welchen Punkten Sie eine besondere Erleichterung verspüren oder an welchen Sie das Gefühl haben, dass sich sehr viel *Material*, also Gedanken und Gefühle, aktivieren lassen. An diesen Punkten sollten Sie dann längere Zeit klopfen (mehrere Minuten oder bis nichts mehr passiert oder bis es Ihnen langweilig wird). Ansonsten reicht es pro Punkt zwischen 5 und 20 Mal zu klopfen und dann zum nächsten Punkt zu wechseln.

Es reicht übrigens aus, die Punkte in einem Umkreis von ca. 5 cm zu treffen.

Auf welcher Körperseite man klopft, ist im Grunde auch gleich. Sie können mit den Seiten experimentieren und hineinspüren, ob sich die eine oder andere Seite für Sie besser anfühlt oder ob dort mehr passiert. Auch die Reihenfolge scheint erfahrungsgemäß keine bedeutende Rolle zu spielen, wenngleich viele Klopfbuchautoren und Klopfanbieter meinen, man müsse eine bestimmte Reihenfolge einhalten. Ich habe mit den unterschiedlichsten Abfolgen gute Erfahrungen gemacht. Es empfiehlt sich jedoch, sich eine Reihenfolge anzueignen, damit man diese parat hat, wenn es drauf ankommt und man sie braucht. Hierfür bietet sich eine Reihenfolge an, die aus Sicht der Traditionell Chinesischen Medizin am meisten Sinn macht. Wir klopfen zuerst die Meridiane, die himmelwärts anfangen bzw. enden. Das sind die Punkte an den Händen, da man sich in der TCM den Meridianverlauf mit zum Himmel ausgestreckten Armen vorstellt. Danach folgt der Kopf und zum Schluss der Rumpf.

Im Grunde haben aber immer *Sie* mit *Ihrer Wahrnehmung* recht. Wenn Ihnen bestimmte Punkte und eine bestimmte Reihenfolge guttun, dann haben Sie recht und Sie sollten auch genau diese Punkte in dieser Reihenfolge klopfen. Wenn Sie sich mehrfach beklopft haben, Ihr Körper und Ihr Gehirn das Klopfen also kennen, kann es sogar ausreichen, einfach nur an die Punkte zu denken, während Sie gleichzeitig an die unangenehmen Gefühle und Themen denken.

Nach dem Klopfen der Akupunkturpunkte zur Reduktion der negativen Gefühle sollte man Pausen in Form der Zwischenentspannungen einlegen, Pausen, in denen Sie sich entspannen und in denen andere Hirnareale bezüglich des aktuellen Themas aktiviert werden bzw. das Erreichte integriert werden kann. Hierfür bietet sich eben die Zwischenentspannung besonders gut an. Sollte sich Ihr emotionaler Stress nach *einem* Klopfdurchgang in Nichts aufgelöst haben, können Sie auch gleich eine Abschlussentspannung anschließen.

Schritt 6:

Zwischenentspannung (sozusagen eine Verschnaufpause, auch zur Aktivierung unterschiedlichster neuronaler Areale). Der Integrationspunkt auf dem Handrücken wird dabei fortlaufend beklopft, während wir Augenbewegungen machen, summen, zählen und wieder summen.

Bei der Zwischenentspannung sollten Sie die ganze Zeit über den Integrationspunkt auf dem Handrücken beklopfen, dann:

* ⋆ die Augen schließen, die Augen öffnen, nach unten rechts schauen, nach unten links schauen, die Augen 360° rechtsherum kreisen, die Augen 360° linksherum kreisen, ein paar Töne oder eine Melodie summen, von 7 rückwärts zählen oder eine Rechenaufgabe rechnen und wieder summen.

Zwischenentspannung

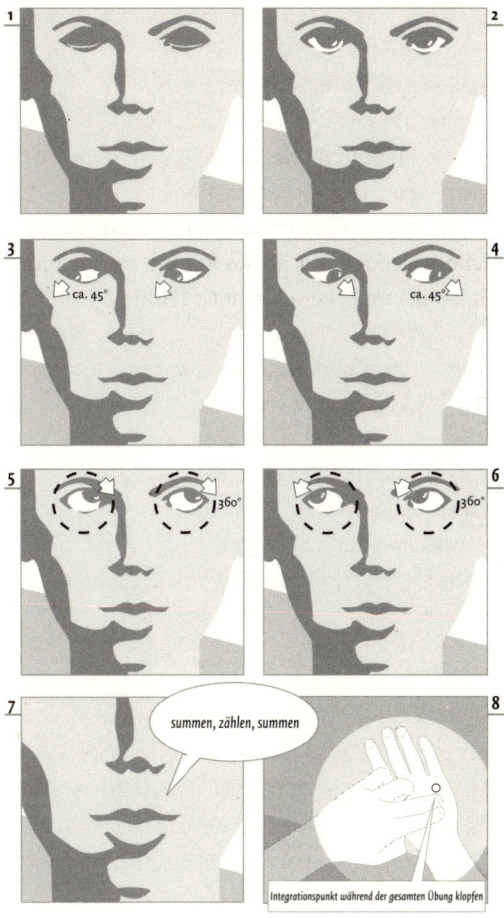

Der Integrationspunkt und die unterschiedlichen neuronalen Aktivierungen helfen, das bislang Erreichte in verschiedene energetische Ebenen und in den Körper, vor allem unser Gehirn zu integrieren.

Nach der Zwischenentspannung können Sie sich wieder fragen, wo der Stress auf Ihrer subjektiven Stressskala zwischen 0 und 10 liegt. Wenn

er größer als 3 ist, können Sie wieder alle 16 Punkte bzw. Ihre Lieblingspunkte beklopfen, während Sie an das konkrete Problem *denken* bzw. es
aussprechen.

Schritt 7:

Akupunkturpunkte klopfen wiederholen. An die negativen Dinge *denken*,
sie sich *intensiv vorstellen* oder *aussprechen* (z. B.: *Meine Angst vor öffentlichen
Auftritten ...*) und zeitgleich die 16 Punkte bzw. Ihre Lieblingspunkte klopfen.

Sollte der Stress oder das Unbehagen nun noch über dem Wert 3 liegen, so können Sie das **emotionale Selbstmanagement mittels Klopfen**
folgendermaßen fortsetzen, um den Rest an Stress bzw. Unbehagen zu
reduzieren, bis auf der Skala der Wert 3 erreicht ist:
* ★ Zwischenentspannung (Schritt 6)
* ★ 16 Punkte klopfen (Schritt 5 bzw. 7)
* ★ Zwischenentspannung (Schritt 6)
* ★ 16 Punkte klopfen (Schritt 5 bzw. 7)
* ★ usw., bis der Stress, das Unbehagen kleiner/gleich 3 ist.

Danach können Sie dann die **Abschlussentspannung** anwenden.

Schritt 8:

Abschlussentspannung: Wenn Ihr Stress also kleiner/gleich 3 ist, klopfen
Sie wie bei der Zwischenentspannung die ganze Zeit über den Integrationspunkt auf dem Handrücken und machen dabei Folgendes:
* ★ die Augen schließen, die Augen wieder öffnen, mit den Augen
  in ca. fünf Sekunden vom Boden bis zur Decke schauen, die eigenen Augenbrauen fixieren und so ca. fünf bis zehn Sekunden
  nach oben schauen, dann die Augen wieder schließen (weiter den
  Integrationspunkt auf dem Handrücken klopfen), tief Luft holen
  und *genussvoll* und *geräuschvoll* ausatmen.

Abschlussübung

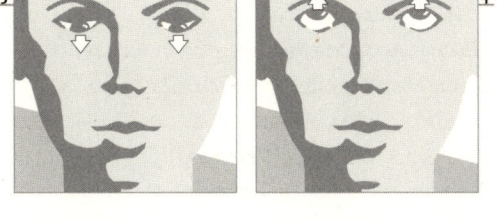

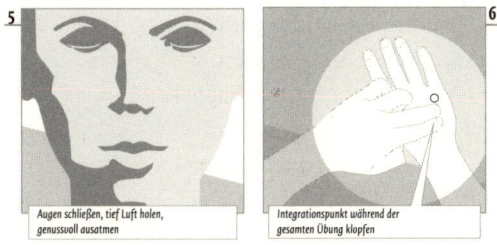

Augen schließen, tief Luft holen, genussvoll ausatmen

Integrationspunkt während der gesamten Übung klopfen

Nach dem Ausatmen, also ganz zum Schluss, bitte erst mit dem Klopfen des Integrationspunktes auf dem Handrücken aufhören.

Kurzform des emotionalen Selbstmanagements

Bitte schreiben Sie vorher die zu dem jeweiligen Thema gehörigen negativen Gefühle und die einschränkenden Glaubenssätze, Selbstvorwürfe, Befürchtungen auf.

1. **Sich auf das negative Gefühl fokussieren.**
2. **Wie unangenehm fühlt es sich auf einer Skala zwischen 0 und 10 jetzt an** (ggf. auf Blatt notieren)? Im weiteren Verlauf können Sie sich nach jedem Teilschritt immer wieder fragen, wie hoch der subjektive Stress noch ist. Diese Stellen sind mit einem ✶ gekennzeichnet.
3. **Überkreuz- und Fingerberührübung** ✶
4. **Selbstakzeptanzübung:** *Auch wenn ich* . . . . , *liebe und akzeptiere ich mich so, wie ich bin.* ✶
5. **Akupunkturpunkte klopfen:** An die negativen Dinge *denken,* sie sich *intensiv vorstellen* oder *aussprechen* (z. B.: *meine Angst vor öffentlichen Auftritten ...*) und zeitgleich die 16 Punkte bzw. Ihre Lieblingspunkte klopfen. ✶
6. **Zwischenentspannung:** Der Integrationspunkt auf dem Handrücken wird dabei fortlaufend beklopft, während wir Augenbewegungen machen, summen, zählen und wieder summen. ✶
7. **Akupunkturpunkte klopfen:** An die negativen Dinge *denken,* sie sich *intensiv vorstellen* oder *aussprechen* (z. B.: *meine Angst vor öffentlichen Auftritten...*) und zeitgleich die 16 Punkte bzw. Ihre Lieblingspunkte klopfen. ✶
8. Wenn der Stress kleiner/gleich 3 ist, erfolgt die **Abschlussentspannung.** Wenn der Stress noch über 3 ist, können Sie abwechselnd die Akupunkturpunkte klopfen und im Wechsel die Zwischenentspannung wiederholen (ggf. mehrfach).

Wenn Sie mehr Erfahrung mit den einzelnen Übungsschritten haben, können Sie dazu übergehen, einzelne Übungsteile isoliert anzuwenden. Man könnte z. B. vor einem Auftritt oder einer Präsentation nur die Überkreuzübung machen, da sie aussieht wie eine Dehnübung und nicht ganz so kulturfremd wirkt wie das eigentliche Beklopfen. Auch die liegende Acht (S. 64) ist eine Übung, die man gut fast überall reaktivieren kann. Außerdem führen einige Übungen, wie z. B. die Selbstakzeptanzübung, zu einem generellen selbstwertsteigernden Umdenken.

Praktisches Wohlfühlwissen

Bestimmende Vergangenheit

Aus strategischer Sicht ist es wichtig, zunächst die in der Vergangenheit schlecht gelaufene Auftritte, die sich beim Erinnern noch unangenehm anfühlen, zu *entstressen*, damit aus der Vergangenheit keine Störfeuer mehr in die Gegenwart funken. Denn das Gehirn merkt sich die emotional aufgeladenen Erlebnisse besonders gut und reagiert sofort mit einer Alarmreaktion, wenn es Hinweise bekommt, dass wir wieder in eine ähnliche Situation geraten, wir uns also einem Auftritt nähern. Diese emotionale Überreaktion hat ihre Wurzeln eben häufig in schlecht gelaufenen aber gut abgespeicherten Auftrittserfahrungen aus der Vergangenheit. Deaktivieren Sie also zunächst einige schlecht gelaufene Auftritte aus der Vergangenheit mittels Klopfen (S. 43).

Der Manager, der in Unterwäsche turnen musste

Ein Manager berichtete in einem Auftritts-Coaching, dass er sich bei öffentlichen Auftritten immer schäme und dass ihn dies sehr blockiere, seine Kompetenzen wirklich zeigen und nutzen zu können. Mittels einer Übung aus der Hypnose erinnerte er, dass er in der zweiten Klasse sein Turnzeug vergessen hatte und in Unterwäsche hatte turnen müssen. Die anderen Schüler hatten ihn ausgelacht und ihm war dieser «Auftritt» besonders peinlich und unangenehm gewesen. Ab diesem Zeitpunkt war er irgendwie befangen, wenn es um öffentliche Auftritte in der Schule ging. Dieses Erlebnis hatte er aber verdrängt, sodass er selbst zunächst keinen Zusammenhang zwischen dem Erlebnis und seinen aktuellen Schamgefühlen bei Auftritten herstellen konnte. Da sich der damalige Auftritt immer noch unangenehm und peinlich für ihn anfühlte, fokussierten wir zunächst auf dieses Erlebnis und nutzten die Klopftechnik, um die negativen Gefühle von dieser Erinnerung abzukoppeln, was auch in wenigen Minuten gut gelang. Nun war es erstaunlich, dass sich bereits seine kommenden Auftritte schon wesentlich besser anfühlten. Wir hatten also die negativen Störfeuer aus der Vergangenheit entschärft, was sich sofort auf seine aktuellen Auftritte auswirkte. In dem Auftritts-Coaching nutzten wir noch ein Selbstwerttraining und verschiedene positive Zielbildvisualisierungen, um seine aktuellen Auftritte noch weiter zu verbessern. Über das Turnerlebnis seiner Kindheit konnte er nun sogar schmunzeln.

Neuronale Aktivierung

Die vor Ihnen liegenden Auftritte, die schon im Vorfeld Stress verursachen, lassen sich mit dem Klopfen gut angehen. Fokussieren Sie auf den jeweiligen Auftritt bzw. den Stress verursachenden Aspekt des Auftritts, dann können Sie den Stress mittels Klopfen reduzieren (S. 43). Wichtig dabei ist, dass Sie tatsächlich das negative Gefühl etwas aktivieren, weil es sich dann erfahrungsgemäß besser auflösen lässt. Es kann sein, dass Sie verschiedene Aspekte des vor Ihnen liegenden Auftritts fokussieren und diese behandeln müssen, damit Sie dem Auftritt positiv entgegensehen können[40].

Die liegende Acht – Eine Turboentspannung

Rudolf Steiner, der Begründer der Anthroposophie, hat bereits Anfang des 20. Jahrhunderts beschrieben, wie eine liegende Acht, also die Lemniskate (das Unendlichzeichen) auf den Menschen wirkt. In der gesamten Waldorfpädagogik, insbesondere der Heilpädagogik und Psychomotorik, nimmt die liegende Acht bis heute eine wichtige Rolle ein.

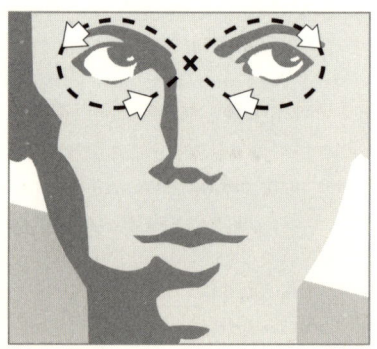

Hilfreiche Fragen, um das Thema zu aktivieren

1.	Welches negative innere Bild gehört zu dem Thema? Was also erscheint vor Ihrem inneren Auge?	...
2.	Wo im Körper fühlt es sich besonders unangenehm an?	...
3.	Wie denken Sie über sich, dass sie dieses Problem haben?	...
4.	Was glauben Sie, dass andere über Sie denken, dass Sie dieses Problem haben?	...
5.	Machen Sie sich einen Selbstvorwurf? **Big Five Nr. 1**	...
6.	Machen Sie anderen einen Vorwurf? **Big Five Nr. 2**	...
7.	Erwarten Sie irgendetwas von irgendjemandem? **Big Five Nr. 3**	...
8.	Wie alt fühlen Sie sich? Sind Sie innerlich geschrumpft? **Big Five Nr. 4**	...
9.	Wem gegenüber sind Sie loyal, wenn Sie Stress haben, aufgeregt sind bzw. nicht erfolgreich sind? Bzw. von wem entfernen Sie sich, wenn Sie erfolgreich sind und öffentliche Auftritte einfach nur genießen? **Big Five Nr. 5**	...
10.	Wie unangenehm fühlt es sich nun auf einer Skala von 0 bis 10 an?	...

Auch in der Energetischen Psychologie wird dieses Wissen genutzt, um z. B. mit den Augen eine liegende Acht entlangzufahren. Wobei es wichtig ist, dass die Augen in der Mitte, also dort, wo die Linien sich kreuzen, nach oben gehen. Mit den Augen einer liegenden Acht zu folgen ist eine der potentesten und am schnellsten wirksamen Stressreduktionstechniken aus der Energetischen Psychologie. Diese Übung kann man auch noch auf der Bühne durchführen. Sie kann mit offenen oder geschlossenen Augen durchgeführt werden. Schauen Sie selbst, was Sie als angenehmer empfinden.

Strategien zur Steigerung des Wohlgefühls

Meist verlieren die negativen Gefühle durch das emotionale Selbstmanagement ihre negativen Energien, und die Themen fühlen sich gut an. Sollte dies nicht der Fall sein oder möchte man die Auftrittsfreude noch erhöhen, könnte man nach dem Klopfdurchgang die Erwartungsfreude mit zwei kleinen Übungen erhöhen. Zum einen kann man stärkende selbstbezügliche Werbeclaims, also energiespendende Selbstaussagen in Form einer Affirmation aussprechen, und zum anderen kann man eine positiven Zielvision, also ein positives Zielbild bezüglich des Themas, im Gehirn verankern.

Werbeclaims

Von den Werbepsychologen können wir sehr gut lernen, wie Sprache emotional wirksam genutzt werden kann und ihre Wirkung quasi ganzkörperlich entfaltet. Lassen Sie einfach einmal folgende Werbeclaims auf sich wirken:

- *Weil ich es mir wert bin*
- *Wir machen den Weg frei*
- *Nichts ist unmöglich*
- *Just do it*

- An meine Haut lasse ich nur Wasser und CD
- Nichts bewegt Sie wie ein Citroën
- Aus Freude am Fahren
- Ich will so bleiben wie ich bin
- Bauknecht weiß, was Frauen wünschen
- Es kann nur einen geben
- Bei ARD und ZDF sitzen Sie in der ersten Reihe
- Powered by Emotions
- ...

Diese Werbeclaims nutzen eine sehr bildhafte Sprache, was dazu führt, dass man innerlich entsprechende Bilder leichter imaginiert. Und alles, was wir imaginieren, hat in unserem Gehirn eine größere Präsenz. In bildhaften Sätzen steckt meist eine große Energie, die wir dann auch spüren können (wenn wir denn wollen). Die Werbeclaims beschreiben meist starke Wortbilder, die, genauso wie in der Lyrik, eben meist starke Gefühle aktivieren. Bei den eigenen, also den selbstbezüglichen Werbeclaims sollten Sie unbedingt darauf achten, dass sie für Sie persönlich stimmen, sich also gut anfühlen und Energie freisetzen. Alles andere sind Kopfgeburten, die keinerlei befreiende Wirkung haben.

Damit es sich noch besser anfühlt

Um den Bereich im Gehirn, wo bislang das negative Gefühl geherrscht hat, mit positiven Assoziationen *anzufüllen*, könnten Sie sich also einen für Sie stimmigen und attraktiven Satz ausdenken, der Ihnen Energie, Zuversicht und Selbstvertrauen gibt. Er sollte die Anwesenheit von etwas Gewünschtem beinhalten und ggf. eine Ich-Aussage sein, z. B.:
«Ich glaube an mich.» Oder: «Ich habe etwas Interessantes zu erzählen.»
Es kann sich noch besser anfühlen, wenn Sie dem Satz noch etwas voranstellen. Nämlich den Startschuss *ab jetzt*, also:

«Ab jetzt glaube ich an mich.» Oder: «Ab jetzt mache ich mir klar, dass ich etwas Interessantes zu erzählen habe.»

Zusätzlich könnten Sie auch eine aktive Entscheidung benennen und den Satz mit dem Zusatz «entscheide ich mich» formulieren. Also dann:

«Ab jetzt entscheide ich mich, an mich zu glauben.» Oder: «Ab jetzt entscheide ich, dass das interessant ist, was ich zu erzählen habe.»

(Mehr zu positiven selbstbezüglichen Werbeclaims S. 82)

Diesen individuell stimmigen und selbstbestärkenden Satz, also diesen positiven stärkenden Glaubenssatz, der wie ein Werbeclaim in eigener Angelegenheit ist, können Sie auch laut aussprechen, während Sie die vier Aktivierungspunkte klopfen. Bitte achten Sie bei der Formulierung dieser positiven Sätze unbedingt darauf, dass sie sich für Sie wirklich stimmig anfühlen.

Die guten Werbeclaims in eigener Sache kann man auf unterschiedliche Weise acht Wochen lang (!) zweimal täglich (!) in seinem Gehirn verankern:

- Laut aussprechen,
- sich im Spiegel anschauen und dabei laut aussprechen,
- die vier Aktivierungspunkte klopfen und dabei laut aussprechen,
- anderen Menschen gegenüber (also vor Zeugen) laut aussprechen, entweder isoliert ganz bewusst oder die Sätze im Alltag einfach in einem Gespräch einfließen lassen,
- immer wieder aufschreiben,
- als Satzergänzung aufschreiben, z. B. *«Ab jetzt glaube ich an mich, weil ...!»* Dabei rufen Sie durch das «weil» quasi in sich hinein und bekommen von Ihrem Unbewussten positive Antworten, die die neuen guten Selbstwerbeclaims aktivieren und unterstützen,
- aufschreiben und sichtbar aufhängen, z. B. auch als Bildschirmschoner,
- auf andere Art und Weise die positiven selbstbezüglichen Werbeclaims aktivieren.

Die Aktivierungspunkte

Die vier Aktivierungspunkte werden genutzt, um positive Affirmationen und selbstwertstärkende Glaubenssätze zu verankern. Sie liegen auf den beiden Hauptenergiebahnen des Menschen, die auch als *Wundermeridiane* bezeichnet worden sind.

★ Der obere Punkt wird auch *Drittes Auge* genannt und ist zuständig für die Integration von Verstand und Gefühl.

★ Der Punkt unter der Nase soll das Alltagsbewusstsein stärken.

Aktivierungspunkte

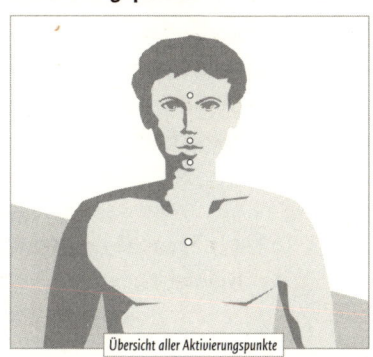

Übersicht aller Aktivierungspunkte

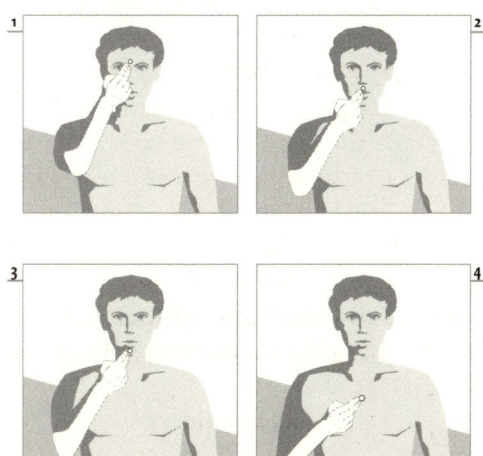

* Der Punkt unter der Unterlippe ist dafür bekannt, dass er «*vertrocknetes*» Denken und stagnierende Gedanken wieder verflüssigt, sodass das Denken wieder klar werden kann.
* Der Punkt auf dem oberen Drittel des Brustbeins liegt direkt über der Thymusdrüse, einem Organ, das als eine Art Hauptpunkt oder Hauptschalter für das Energieniveau des Menschen beschrieben ist[41]. Aus Sicht der Traditionell Chinesischen Medizin[42] ist es ein Punkt, an dem negative Glaubenssätze überwunden werden können und sich positive Glaubenssätze stärken lassen.

Integration des Zielbildes und Zielbildaktivierung

Danach können Sie sich das gewünschte Ziel oder wie Sie sich Ihren zukünftigen Auftritt vorstellen bzw. wie Sie sich bei diesem Auftritt erleben

Zielbildimagination

möchten, visuell vorstellen, also imaginieren, während Sie mit den Augen ca. 45 Grad nach oben schauen und gleichzeitig den Integrationspunkt auf dem Handrücken klopfen (ca. 30 Sekunden bis zwei Minuten lang). Sie können sich z. B. nun vorstellen, wie Sie eine Rede halten und sich dabei so richtig wohl und kompetent fühlen. Spielen Sie bitte auch durch, wie Sie mit Fehlern und Pannen auf eine kreative, intelligente, humorvolle und für Sie stimmige Art und Weise umgehen möchten. Dies ist wichtig, da es Fehler und Pannen immer geben wird, wir also gut beraten sind, wenn wir eine gute Umgangsweise damit haben.

Integrationspunkt

Der Handrückenpunkt ist ein Integrationspunkt, der verschiedene energetische Bereiche verbindet und der auch für kreative Gestaltung und optimale Zielvisionen in der Zukunft hilfreich ist[43]. Deshalb nutzen wir diesen Punkt, um die *gewünschten Ziele zu imaginieren* und sie für unsere Wahrnehmung lebendiger, energiegeladener und somit erreichbarer werden zu lassen.

Wenn der Erfolg sich nicht gleich einstellt

Sollten die beschriebenen Techniken zum emotionalen Selbstmanagement die negativen Gefühle nicht hinreichend reduzieren, liegt bei Ihnen höchstwahrscheinlich einer der *Big Five-Erfolgssaboteure* vor:

- Big Five Nr. 1: Sie machen sich einen Selbstvorwurf
- Big Five Nr. 2: Sie machen (immer noch) einem anderen Menschen einen Vorwurf
- Big Five Nr. 3: Sie verharren (immer noch) in einer Erwartungshaltung, von der Sie sich noch nicht gelöst haben
- Big Five Nr. 4: Sie schrumpfen innerlich, fühlen sich also kleiner, hilfloser, abhängiger, als Sie es in Wirklichkeit sind
- Big Five Nr. 5: Sie haben eine unbewusste Loyalität anderen (Ihnen nahestehenden) Menschen gegenüber, die (auch) nicht erfolgreich oder glücklich sein konnten, wollten oder durften.

Der Selbstvorwurf ist übrigens das beste Konservierungsmittel für negative Gefühle. Zumeist wirft man sich allerdings etwas vor, was man in dem Moment gar nicht anders konnte oder anders wollte. So werfen sich viele Menschen vor, bei einem ehemaligen Auftritt versagt oder falsch gehandelt zu haben. Auch Vorwürfe, die wir anderen, z. B. unseren Eltern, Lehrern, Vorgesetzten, Partnern oder Kollegen gegenüber machen, haben häufig eine massive selbstschwächende Wirkung. Machen wir nämlich anderen Menschen Vorwürfe, dass diese uns z. B. Unrecht angetan haben, kann es sein, dass wir uns dadurch selbst wieder zum Opfer machen und somit schwächen, da wir ja immer wieder auf das erfahrene Unrecht hinweisen und somit unsere Opferrolle zementieren. Das Beste bei Selbstvorwürfen und bei Vorwürfen anderen gegenüber ist zunächst wieder die Selbstakzeptanz. Und natürlich befreien Sie sich maximal von anderen, wenn Sie ihnen keine Vorwürfe mehr machen, ja vielleicht sogar verzeihen können.

Wie Sie möglicherweise noch vorhandene Selbstvorwürfe oder Vorwürfe anderen gegenüber auflösen können, sehen Sie auch in Arbeitsblatt 1 und 2 (S. 73 und 74).

Bei der Erwartungshaltung dürfte es sich um eine der häufigsten emotionalen Selbstverletzungstechniken unserer Kultur handeln, die es gibt. Wenn ich an einen anderen Menschen eine Erwartungshaltung habe (so berechtigt sie auch sein mag), so mache ich mich dadurch von ihm abhängig, denn ich selbst habe ja keinerlei Möglichkeit, diese Erwartung zu erfüllen. Das muss der andere machen. Wenn dieser nun aber nicht will oder nicht kann, gehe ich leer aus, was sich mit hoher Wahrscheinlichkeit unangenehm anfühlt. Ich kreise dann passiv in einer nimmer endenden Warteschleife. Wie es sich anfühlt, in einer Warteschlange zu stehen und sich nichts bewegt, muss ich nicht weiter erklären. Außerdem ist es im Grunde auch übergriffig, von anderen etwas zu erwarten, was diese nicht wollen oder können. Wenn Sie also möglichst lange und intensiv leiden wollen, dann sollten Sie sich einen kräftigen Selbstvorwurf machen, von anderen noch etwas erwarten und enttäuscht sein, wenn Sie es nicht bekommen, und am besten noch anderen Vorwürfe machen. Wenn Sie nun noch innerlich schrumpfen und es sich nicht erlauben, erfolgreicher, glücklicher oder freier zu leben als Ihre Eltern oder andere Ihnen nahestehende Menschen, dann haben Sie die besten Karten, lange und hartnäckig zu leiden. In solchen Fällen hilft nur eines:

Bedingungslose Selbstakzeptanz, sich und ggf. den anderen verzeihen, seine Erwartungen loslassen, so alt bleiben, wie man ist, und sich innerlich von dysfunktionalen Bindungen an nahestehende Menschen lösen.

Die Klopftechniken der Energetischen Psychologie können Ihnen dabei behilflich sein.

Arbeitsblatt 1: *Selbstakzeptanz bei Selbstvorwürfen*

«Auch wenn ich mir (immer noch) vorwerfe . . . . ,
liebe und akzeptiere ich mich so, wie ich bin.»

Oder:

«Auch wenn ich mir (immer noch) den Vorwurf mache, ... ,
liebe und akzeptiere ich mich so, wie ich bin.»

Wenn man nicht anders *konnte*, als so gehandelt zu haben, könnte man noch folgenden Satz dreimal laut aussprechen (dabei auf dem Selbstakzeptanzpunkt kreisend reiben oder den Zeigefinger klopfen):

«Und jetzt verzeihe ich mir aus ganzem Herzen, da mir klar wird, dass ich nicht anders <u>konnte</u>!»

Wenn man nicht anders *wollte*, als so gehandelt zu haben, könnte man noch folgenden Satz dreimal laut aussprechen:

«Und jetzt verzeihe ich mir aus ganzem Herzen, da mir klar wird, dass ich nicht anders <u>wollte</u>!»

Denn auch der Wille hat ja bekanntlich seine Berechtigung.

Selbstakzeptanzpunkt

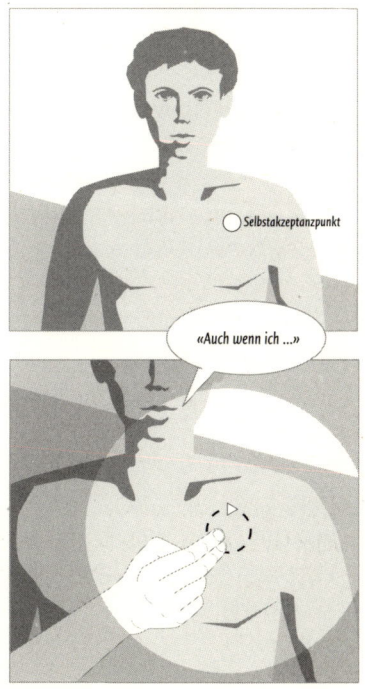

Zeigefinger klopfen

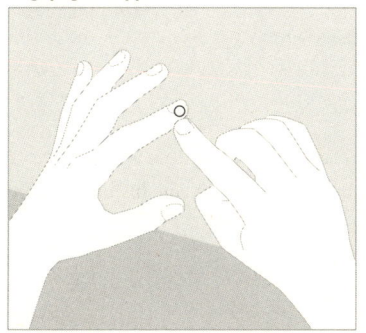

Arbeitsblatt 2: *Selbstakzeptanz bei Vorwürfen anderen gegenüber*

Bei Vorwürfen anderen gegenüber sollte man auf alle Fälle folgenden Selbstakzeptanzsatz gemäß dem Beispiel drei Mal laut aussprechen:

Beispiel: «Auch wenn ich Papa (oder Mama, Frau Geige, Herrn Lehrer etc.) (immer noch) vorwerfe, mich im Musikunterricht gequält zu haben, liebe und akzeptiere ich mich so, wie ich bin.»

Jetzt Ihr persönlicher Satz: «Auch wenn ich . . . . (immer noch) vorwerfe, ... , liebe und akzeptiere ich mich so, wie ich bin.»

Oder

«Auch wenn ich . . . . (immer noch) den Vorwurf mache, ... , liebe und akzeptiere ich mich so, wie ich bin.»

Der nächste Schritt ist etwas heikel. Der nun folgende Satz kann dann ausgesprochen werden, wenn derjenige, dem man noch einen Vorwurf macht, nicht anders als so handeln konnte. Tragen Sie den Namen der Person ein. Bitte spüren Sie genau hinein, ob die nun folgende Aussage für Sie so stimmig ist. Wenn nicht, dann folgt weiter unten eine Alternative:

«Und jetzt verzeihe ich . . . . aus ganzem Herzen, dass er/sie . . . . , da mir jetzt klar wird, dass er/sie nicht anders konnte!»

Ein Alternativsatz wäre:

«Auch wenn . . . . nicht anders konnte, als mir dies anzutun, liebe und akzeptiere ich mich so, wie ich bin, und lasse die Verantwortung für dieses Verhalten, diese Verletzung bei ihm/ihr!»

Bitte bedenken Sie bei diesem Thema, dass wir selbst es sind, die leiden, wenn wir uns oder anderen einen Vorwurf machen.

Mir selbst hat immer folgende Idee sehr geholfen, mich von Vorwürfen anderen gegenüber zu befreien:

Während ich diesen Menschen gerade einen Vorwurf mache und mich dabei quäle, sitzen die vielleicht entspannt auf irgendeiner Terrasse, schauen aufs offene Meer hinaus, genießen ihr Leben und lassen es sich gutgehen.

Wir erreichen diejenigen, auf die wir ärgerlich oder wütend sind, ja mit unserem Groll und unseren Vorwürfen noch nicht einmal. Wofür sollte es dann gut sein? Im günstigen Fall ist Ärger ein handlungsmotivierendes Gefühl. Aber dann sollten Sie sich auch überlegen, in welche Handlung Ihr Ärger münden sollte (z. B. Meinung sagen, Kontakt abbrechen etc.).

Sollten Sie sich oder anderen weiterhin diese Vorwürfe machen wollen, darunter aber leiden, könnten Sie folgende Selbstakzeptanzübung machen, also inklusive Reiben des Selbstakzeptanzpunktes:

Bei Selbstvorwürfen: «Auch wenn ich lieber weiter leide, anstatt mir zu verzeihen, liebe und akzeptiere ich mich so, wie ich bin.»

Bei Vorwürfen anderen gegenüber: «Auch wenn ich lieber weiter leide, anstatt . . . . (Name eintragen) zu verzeihen, liebe und akzeptiere ich mich so, wie ich bin.»

Sie könnten auch einfach nur mal für ein paar Stunden so tun, als würden Sie sich bzw. demjenigen, dem Sie einen Vorwurf machen, verzeihen, und neugierig reinspüren, was das für Sie für einen Unterschied macht.

Kapitel 3 – Das Selbstwertgefühl – Immunsystem gegen Angriffe auf die eigene Person

«Wir verbringen einen großen Teil des Lebens damit, die Achtung anderer zu erwerben. Aber Selbstachtung zu gewinnen, darauf verwenden wir wenig Zeit.»
(Josef von Sternberg)

Wie bekommt man ein hohes Selbstwertgefühl?

Das Selbstwertgefühl, umgangssprachlich meist als *Selbstbewusstsein* bezeichnet, ist das Immunsystem unseres Bewusstseins, so eine stimmige Metapher. Ist es hoch, so sind wir geschützt vor Angriffen auf unser Denken und Fühlen, ist es niedrig, so *fangen wir uns jede Meinung ein*, die jemand über uns äußert.

Als Erwachsene sind allein wir es, die für unser Selbstwertgefühl verantwortlich sind – niemand anders. Natürlich bildet sich unser Selbstwertgefühl in der Kindheit. Es wird gespeist durch die Art und Weise, wie uns wichtige Menschen uns sehen. Wenn z. B. unsere Eltern selbst kein sehr großes Selbstwertgefühl haben, dann werden sie uns auch nichts zutrauen (können). Dies führt dann dazu, dass wir die Identität entwickeln, uns sei wirklich nichts zuzutrauen. Hat sich erst einmal so ein Glaubenssatz etabliert, bestimmt er unser Selbstkonzept, also das Denken über uns selbst. Glaubenssätze wirken wie Programmierungen für unser Gehirn und bestimmen unsere Identität.

Wenn man Kindern signalisiert, dass sie wertvoll sind, auch ohne dass sie etwas Besonderes leisten müssen, dass sie jedoch mit Übung und Eifer eine Menge erreichen können, dann werden diese Kinder die Überzeugung entwickeln können, dass dies tatsächlich so ist. Wenn man ihnen signalisiert, dass sie nur liebenswert sind, wenn sie etwas leisten oder funktionieren, dann werden sie mit hoher Wahrscheinlichkeit immer das Gefühl haben, aus sich selbst heraus nicht zu genügen. Sie müssen dann viel leisten, um sich geliebt zu fühlen. Das hat durchaus positive Auswirkungen auf die tatsächliche Lern- und Leistungsbereitschaft, führt jedoch zu einem unsicheren Selbstwertgefühl. So etwas kann man auch als *bildungsbürgerlichen Kollateralschaden* beschreiben – Anerkennung über Leistung. Kommt nun noch eine Prise Perfektionismus dazu, ist es naheliegend, dass man hinsichtlich seines Selbstwertgefühls leicht störbar ist. Ein solches Selbstwertgefühl ist dann brüchig. Es kann durchaus hoch und ausgeprägt wirken, solange man von anderen mit Anerkennung *gefüttert* wird. Versiegt dieser *Anerkennungsstrom* jedoch, dann bricht das Selbstwertgefühl in sich zusammen, bis es wieder von außen aufgebaut wird.

Der Perfektionismus führt dazu, dass der angestrebte Sollwert immer haushoch über dem Istwert liegt, was sich subjektiv als *weit vom Ziel entfernt* anfühlt. Nun ist es wiederum wichtig, *wie* man diesen Abstand interpretiert. Wenn wir uns sagen, *super, ich bin ja schon ganz schön weit und ich habe ein tolles hohes Ziel vor mir, welches mich beflügelt, weiter an mir zu arbeiten,* dann schöpfen wir vermutlich sogar Kraft aus unseren hohen Zielen. Wenn wir aber denken, *oh Gott, ist das noch weit bis zu meinem Ziel, ich bin ja noch absolut am Anfang, ob ich das überhaupt jemals in einer angemessenen Zeit schaffen werde?*, dann werden wir vermutlich an uns zweifeln und merken, wie uns die Kraft und die Zuversicht verlassen.

Beim Perfektionismus ist es wichtig, dass *wir* die Kontrolle über ihn behalten, also frei entscheiden können, wann wir perfektionistisch sein wollen und wann nicht. Wenn unser Perfektionismus automatisiert und losgelöst von unserer freien Einflussnahme abläuft, von uns Besitz ergreift, dann sind wir Sklaven dieses uns unter Druck setzenden Selbstanspruchs und werden sehr wahrscheinlich Gefühle von Hilflosigkeit und Ausgeliefertsein empfinden.

Als Erwachsene entscheiden wir also *selbst* durch unser *Denken*, *Fühlen* und *Handeln*, wie hoch unser Selbstwertgefühl ist. Wenn uns jemand entwerten will und nichts von uns hält, dann ist das ja zunächst *seine* persönliche Meinung, mehr nicht. Es muss noch überhaupt nichts mit uns zu tun haben. Wenn alle Menschen uns jedoch so oder ähnlich sehen, dann ist die Wahrscheinlichkeit recht hoch, dass diese Menschen recht haben – es sei denn, wir haben etwas entwickelt, was seiner Zeit weit voraus ist, bzw. sind selbst unserer Zeit weit voraus. Doch das merkt man selbst bei ein wenig Selbstkritik recht schnell. Sind es jedoch nur einzelne andere, die uns nichts zutrauen, dann sagt dies weit mehr über deren Sichtweise aus als über uns. Viele Menschen neigen dazu, anderen die alleinige Deutungsmacht über sich einzuräumen, d.h. wenn jemand meint, man sei nichts wert, dann übernehmen diese Menschen diese abwertende Kritik unreflektiert. Es ist jedoch wichtig, dass wir selbst entscheiden, welche Kritik wir annehmen und welche nicht. Wenn wir selbst viel von uns halten, dann wird die Entwertung von anderer Seite uns nicht so schnell verunsichern, als wenn wir selbst nichts von uns halten. Man kann bei vielen Menschen folgendes Phänomen beobachten. Sie halten selbst nicht sonderlich viel von sich, loben und wertschätzen sich selbst nicht und sehen nur das Schlechte an sich selbst; erwarten aber von anderen, gelobt, geachtet und wertgeschätzt zu werden. Eine solche Verhaltensweise ist gelinde gesagt *geschmacklos*. Andere sollen etwas von uns halten, während wir der Meinung sind, dass nichts von uns zu halten sei. Andere sollen also die Arbeit machen. Wie soll das denn gehen? Außerdem entwerten wir durch solch eine selbstablehnende Grundhaltung die Meinung der anderen. Nach dem Motto, *na ja, du findest mich ja vielleicht gut, aber du hast natürlich gar keine Ahnung, wie ich wirklich bin.* Wenn es gut läuft, glauben wir vielleicht den anderen, wenn diese eine hohe Meinung von uns haben. Wenn wir jedoch selbst keine hohe Meinung von uns haben, machen wir uns abhängig vom Zuspruch der anderen, was sich wieder negativ auf unser Selbstwertgefühl auswirkt, denn Abhängigkeit schwächt.

Nun stellt sich noch die Frage, ob man denn das Selbstwertgefühl überhaupt verändern kann. Die Antwort lautet ganz klar: Ja, man kann! Und zwar recht gut. Da wir es ja selbst sind, die durch unser Denken, Fühlen und Handeln bestimmen, wie es um unser Selbstwertgefühl bestellt ist, können wir durch eine Veränderung unseres Denkens, unseres Fühlens und unseres Handelns auch unser Selbstwertgefühl ändern. Das

Selbstwertgefühl ist Produkt unseres Denkens, Fühlens und Handelns. Und es wirkt natürlich wiederum auf unser Denken, Fühlen und Handeln zurück.

Präsentationen in meiner Projektgruppe sind für mich die Hölle

Eine 32-jährige Führungskraft arbeitet in einem Projekt, in dem sie alle sechs Wochen den anderen Projektgruppenteilnehmern ihre Arbeitsergebnisse präsentieren muss. Schon Tage vor diesen Auftritten ist sie unkonzentriert, gereizt, fühlt sich unsicher und leidet unter Schlafstörungen. Abends zermartert sie sich ihr Gehirn und versucht alle möglichen Fragen, die die anderen Projektgruppenteilnehmer haben könnten, im Vorfeld zu beantworten. Sie macht sich massiv abhängig von der Meinung der anderen und setzt sich erheblich durch ihren eigenen Perfektionismus unter Druck. Ein paar Mal hat sie solche Veranstaltungen auch schon vermieden, indem sie einfach für zwei Tage krank geworden ist, was ihr wiederum extrem peinlich ist und wofür sie sich viele Vorwürfe macht, da sie eigentlich ein sehr hohes Arbeitsethos hat.

In einem Coaching lernt sie zunächst mit der Klopftechnik ihre Emotionen besser zu managen, und die Analyse der Top Ten positiven Auftrittserlebens (siehe S. 92) ergab, dass sie sich bei den Präsentationen wieder so wie im Konfirmandenunterricht gefühlt hatte, also innerlich geschrumpft war. Ferner hatte sie mehrfach innere Kritiker mit auf der öffentlichen Bühne, wie z. B. ihren überkritischen Vater, der im Grunde mit nichts an ihr zufrieden war. Er machte ihr bei ihren Auftritten auch heute noch das Leben schwer.

Bei den folgenden Präsentationen nahm sie konsequent im Geiste Menschen mit, die ihr sehr wohlgesinnt waren. Sie arbeitete daran, sich kontinuierlich so alt zu fühlen, wie sie ist, und im Selbstwerttraining entwickelte sie den selbstwertstärkenden Satz: Ohne mich ginge das hier alles viel langsamer. Und: Ich erlaube mir jetzt einfach, auch mal Fehler zu machen.

Es verwundert nicht, dass sie sich in den folgenden Auftritten viel besser positionieren konnte und sich auch von so manchem selbstinszenierten Kollegen nicht mehr so blenden ließ.

Wie man negative Gefühle verändert, ist im Kapitel 2 (*Klopfen gegen Lampenfieber*) hinreichend beschrieben worden (S. 43). Wenn Sie eine größer angelegte emotionale und kognitive Aufräumaktion planen, dann sei Ihnen mein Buch «*Feng Shui gegen das Gerümpel im Kopf. Blockaden lösen mit Energetischer Psychologie*»[44] wärmstens empfohlen. Anhand der Top Ten positiven Auftrittserlebens (S. 92) können Sie üben, Ihren Aufmerksamkeitsfokus auf für Sie hilfreiche Wahrnehmungen zu fokussieren und dadurch anders zu handeln.

In diesem Kapitel soll nun dargestellt werden, wie man selbstwertschwächendes Denken in subjektiv stimmiges selbstwertstärkendes Denken transformieren kann. Pauschale Patentrezepte gibt es nicht, da unser Gehirn sehr genau merkt, ob eine Affirmation wirklich zu uns passt oder nicht. In Auftritts-Coachings feilen wir so lange an den positiven Kognitionen, also den stärkenden selbstbezüglichen Denkweisen, bis sie sich individuell stimmig anfühlen und auch den Auftritts-Coach wirklich überzeugen. Es muss im ganzen Raum spürbar sein, wie das stimmige und selbstwertsteigernde Denken das Selbstwertgefühl des betreffenden Menschen erhöht. Dieses Denken wird *eingepackt* in einen individuell stimmigen Satz, eine Affirmation bzw. einen positiven selbstbezüglichen Werbeclaim. Wenn in den Sätzen keine Energie ist, dann bedeutet dies, dass dieser Satz nicht von allen Persönlichkeitsanteilen des Kandidaten unterstützt wird. Dann sollte man so lange an dem Satz feilen, bis er sich individuell wirklich stimmig und kraftspendend anfühlt. Das funktioniert eigentlich fast immer, ist manchmal aber richtige Knochenarbeit. Da Sie zu Hause wahrscheinlich keinen Auftritts-Coach sitzen haben, der Sie darin unterstützt, die stimmigen selbstwertsteigernden Gedanken zu entwickeln, müssen Sie sich einfach etwas Zeit nehmen und diese Denkweisen und Sätze selbst entwickeln. Es lohnt sich auf alle Fälle, erfahren Sie doch durch solch einen Prozess auch sehr genau, welches Denken Sie stärkt und welches Sie schwächt. Sie können sich aber tatsächlich auch von einer Person Ihres Vertrauens interviewen lassen, wie Sie sich selbst entwerten. Derjenige, den Sie somit zu Ihrem Coach gemacht haben, muss einfach nur etwas hartnäckig immer wieder fragen, *wie* genau Sie denn das machen, sich selbst zu entwerten. Dabei ist es ganz hilfreich, wenn der Interviewer sich etwas schwer von Begriff anstellt, also lieber einmal mehr fragt als einmal zu wenig. Danach können Sie gemeinsam überlegen, welche selbstbezüglichen Denkweisen selbstwertstärkend für Sie wären.

Zur Anregung und Hilfe sind in Tabelle 1 (S. 82) einige Beispiele von selbstwertschwächenden Glaubenssätzen und deren Transformationen aufgelistet[45]. In Tabelle 2 (S. 85) können Sie Ihre eigenen selbstwertschwächenden Glaubenssätze notieren und mithilfe der Selbstakzeptanzübung neue selbstwertstärkende Denkweisen, also Affirmationen entwickeln. Dies können Sie dann auch in Tabelle 3 (S. 86) eintragen und unter Nutzung der vorgeschlagenen Aktivierungsmaßnahmen (S. 68) acht Wochen lang sich täglich zweimal intensiv klarmachen. Veränderung des Denkens braucht eben eine gewisse Zeit. Ein einmaliges Denken einer positiven Affirmation hat noch keine wesentliche strukturverändernde Wirkung auf unser Gehirn. Da reagiert unser Gehirn genauso wie ein Muskel, ein einmaliges Muskeltraining macht ja auch noch keinen Bodybuilder. Erst wenn wir uns die positiven, attraktiven und individuell stimmigen, also wahren Gedanken und Sätze immer wieder klarmachen, hat unser Gehirn eine Chance, eine anhaltende, also auch strukturelle Veränderung zu bewerkstelligen. Dies führt dann dazu, dass wir unser Selbstwertgefühl, unser Selbstkonzept und letztlich einen Teil unserer Identität allmählich zum Positiven verändern. Bitte bedenken Sie dabei, dass wir uns die selbstwertschwächenden Gedanken meist seit Jahren, wenn nicht seit Jahrzehnten immer wieder, oft gebetsmühlenartig, innerlich gesagt und gedacht haben. Das Gehirn braucht also ein wenig Zeit für diese kognitive Umstrukturierung. Sollten Sie Ihr Selbstwertgefühl durch ein bestimmtes *Verhalten* schwächen, dann tragen Sie dies bitte auch in die linke Spalte der Tabelle 2 ein und entwickeln in der rechten Spalte dann eine alternative, stärkende *Verhaltens*weise (siehe z. B. Punkt 11–15 in Tabelle 1, die neuen stärkenden Verhaltensweisen kann man als Ich-Satz formulieren, der die Absicht bzw. Anwesenheit des gewünschten Verhaltens beschreibt, z. B. *In Zukunft erlaube ich mir auch, NEIN zu sagen*).

Tabelle 1: Beispiele aus Auftritts-Coachings für Selbstentwertungsmanöver und mögliche Selbstwertsteigerungsstrategien

	Beispiele für selbstwertreduzierende Strategien	Beispiele für Selbstakzeptanzübung: «Auch wenn ich ... liebe und akzeptiere ich mich so, wie ich bin.»	Beispiele für selbstwertsteigernden Werbeclaim bzw. Strategie
1.	Ich bin langweilig!	langweilig bin, ...*	Auch ich bin interessant! Ich habe 'ne Menge zu erzählen! ...
2.	Ich habe nichts aus meinem Leben gemacht!	der Meinung bin, nichts aus meinem Leben gemacht zu haben, ...*	Ich bin stolz auf das, was ich erreicht habe! Auch wenn ich nichts Großes leiste, bin ich dennoch liebenswert! ...
3.	Ich hätte alles noch viel besser machen müssen!	meine, ich hätte die Dinge noch viel besser machen müssen, ...	Ab jetzt stehe ich dazu, wie ich die Dinge gemacht habe! 80 % reichen massig aus!
4.	Ich darf keine Fehler machen!	glaube keine Fehler machen zu dürfen, ...	Ich habe ein verdammtes Anrecht auf meine eigenen Fehler! Ab jetzt erlaube ich mir, einfach mal Fehler zu machen! ...
5.	Angst, dass andere einen blöd finden und ablehnen!	Angst habe, dass andere mich blöd finden und ablehnen, ...	Man darf mich und das, was ich mache, auch blöd finden! Ich finde mich gut so, wie ich bin! ...

6.	Angst, die Erwartungen anderer nicht zu erfüllen!	Angst habe, die Erwartungen anderer nicht zu erfüllen, ...	Ab jetzt mache ich nur noch das, was ich will und was mir guttut! Jeder sollte seine eigenen Erwartungen erfüllen! ...
7.	Sich klein und hilf-los fühlen!	mich klein und hilflos fühle und immer wieder innerlich schrumpfe, ...	Jetzt stehe ich zu meiner wahren Größe. Ich bin ein/e gestandene/r und erfahrene/r Frau/Mann! ...
8.	Andere wissen und können viel mehr als ich!	glaube, dass andere viel mehr wissen und können als ich, ...*	Das, was ich weiß und kann, reicht für das, was ich vor-habe, voll und ganz aus! Ich weiß genug! ...
9.	Ich habe nichts Interessantes zu erzählen!	glaube, dass ich nichts Interessantes zu erzählen habe, ...*	Ich habe einiges Interessantes zu erzählen, und dazu stehe ich jetzt, egal wie die anderen das finden! Ich finde das interessant, was ich zu erzählen habe. Es ist aber völlig in Ordnung, wenn andere das nicht interessant finden! ...
10.	Ich werde die anderen bestimmt nicht überzeugen können!	glaube, dass ich die anderen nicht über-zeugen kann, ...*	Ab jetzt glaube ich an mich! Ich schaffe das auf meine Art! ...
11.	Sich bei Angriffen nicht wehren.	mich bei Angriffen bislang nicht wehren konnte, ...*	Ab jetzt wehre ich mich, wenn mich jemand angreift! ...

12.	Nicht NEIN sagen können	bislang nicht NEIN sagen konnte, ...*	Ich erlaube mir, NEIN zu sagen! Ich habe ein verdammtes Anrecht darauf, NEIN zu sagen! ...
13.	Verschämt wegschauen, wenn andere einen direkt anschauen	bislang verschämt weg-geschaut habe, wenn andere mich direkt an-geschaut haben, ...*	Ab jetzt wird zurückgeguckt! Ich halte den Blick anderer Leute gut aus! ...
14.	zu leise sprechen	bislang häufig zu leise gesprochen habe, ...*	Ich erlaube mir, Raum zu nehmen und laut zu sprechen! ...
15.	sich permanent zu entschuldigen	mich bislang viel zu häufig für alles Mögliche entschuldigt habe, ...*	Ab jetzt mache ich das, was ich will, und habe dabei ein gutes Gewissen! Ich bin o. k. so wie ich bin, und auch meine Meinung zählt ...

Tabelle 2: eigene Selbstentwertungsmanöver, Selbstakzeptanzübung und Selbstwertsteigerungsstrategien

	Eigene selbstwertreduzierende Strategien: Was denken Sie? Was fühlen Sie? Welches Verhalten praktizieren Sie?	Selbstakzeptanzübung «Auch wenn ich ...»	Selbstwertsteigernde Werbeclaims bzw. Stategie
To do	Notieren Sie, was Ihnen einfällt. 1–10 Ihrer ungewollten/schwächenden Selbstentwertungsstrategien	Selbstakzeptanz, trotz dieser vorhandenen Selbstentwertungsstrategien liebe und akzeptiere ich mich so, wie ich bin!	Entwickeln Sie individuelle, wahre, stimmige und stärkende Werbeclaims für sich. Aktivieren Sie diese wie auf S. 68 beschrieben.
1.		*	
2.		*	
3.		*	
4.		*	
5.		*	
6. bis 10.		*	

85

Tabelle 3: individuelle Selbstwertsteigerungsstrategien

	Selbstwertsteigernder Werbeclaim bzw. Strategie
To do	Entwickeln Sie individuelle, wahre, stimmige und stärkende Werbeclaims für sich. Aktivieren Sie diese zweimal täglich über 8 Wochen wie beschrieben.
1.	
2.	
3.	
4.	
5.	
6.	
7.	
8.	
9.	

Bedeutung des Selbstwertgefühls bei öffentlichen Auftritten

Ein öffentlicher Auftritt ist eine Art Belastungstest für unser Selbstwertgefühl. Aufgrund der tatsächlichen Möglichkeit, kritisiert, angegriffen und abgelehnt zu werden, steckt natürlich ein gewisses Stresspotenzial in jedem öffentlichen Auftritt. Manche Experten sind der Meinung, dass viele Menschen mehr Angst vor einem öffentlichen Auftritt als vor ihrem eigenen Tod haben. Zumindest bewusst mag dies tatsächlich so sein.

Häufig steckt hinter Auftrittsängsten die tiefere Angst, von den anderen abgelehnt zu werden und somit aus der Gemeinschaft ausgeschlossen zu sein. Auch die Angst vor dem Verlust der Anerkennung als achtenswerter Mensch stellt eine Wurzel für Auftrittsängste dar. Sich nicht dazugehörig zu fühlen, ist schon aus evolutionsbiologischer Sicht tatsächlich ein lebensbedrohlicher Zustand. Wenn man als Mensch nicht zur Gemeinschaft der anderen Menschen dazugehört, dann hat man ja real schlechtere Überlebenschancen. Deshalb steckt in den Tiefen dieser negativen Gefühle ein existenzielles Thema. Natürlich sind wir, wenn wir uns abgelehnt oder ausgegrenzt fühlen, nicht immer gleich existenziell bedroht. Aber es fühlt sich halt bisweilen so an. Nicht dazuzugehören ist eines der unangenehmsten Gefühle, die es gibt. Das gesellschaftliche Ausgeschlossensein ist ja auch eine der härtesten Strafen, die sich Gesellschaften ausgedacht haben. Deshalb ist es sehr nachvollziehbar, dass wir unter diesen Gefühlen so sehr leiden können.

Ein hohes Selbstwertgefühl kann uns jedoch davor bewahren, immer gleich mit Verlassenheitsängsten auf eine Ablehnung zu reagieren.

Die Beziehung zu mir selbst, zu den anderen und zu meinem Thema

Ein weiteres wesentliches Thema ist bei öffentlichen Auftritten von großer Bedeutung: die Art und Weise unseres Beziehungserlebens. Das heißt, welche Beziehung wir zu uns selbst, zu den anderen Menschen, aber auch zu unserem Thema haben. Wichtig ist darüber hinaus auch noch, welche Beziehung wir zu dem jeweiligen Auftrittsort haben. Bei Musikern und Sportlern ist auch noch die Beziehung zu ihrem Instrument bzw. zu ihrem Sportgerät von Bedeutung. Das Zentrum allen Beziehungserlebens ist bei Erwachsenen jedoch die Selbstbeziehung[46]. Wenn ich eine gute Beziehung zu mir habe, dann habe ich auch bessere Karten, gute Beziehungen zu anderen Menschen zu entwickeln. Ganz nach dem Motto des Bestsellers von Eva-Maria Zurhorst *Liebe dich selbst und es ist egal, wen du heiratest.*

Wir müssen und wollen übrigens dann, wenn wir hinreichend viel (also nicht *übertrieben* viel) von uns halten, auch nicht andauernd von anderen *gerettet* werden. Folgender Leitspruch könnte uns bei der Verbesserung unserer Selbstbeziehung helfen:

Wenn jeder für sich sorgt, ist für jeden gesorgt.

Wenn wir gut für uns sorgen, *liegen wir anderen nicht auf der emotionalen Tasche.* Das macht uns natürlich resistenter gegen Angriffe von anderen.

Nun ist es aber immer noch wichtig, *wie* wir die anderen Menschen sehen, die Zuhörer, Zuschauer, Interviewer, Prüfer, die Jury und alle anderen uns zuhörenden und uns beobachtenden Leute. Wenn wir die anderen als blutrünstige Meute erleben, die nur darauf wartet, uns abzuschlachten, dann wird es bei einem Auftritt in unserem subjektiven Erleben sicherlich um Leben und Tod gehen. Wenn wir glauben, die anderen warteten ja nur darauf, uns dabei zu ertappen, wie wir einen Fehler machen, dann erleben wir den Auftritt wahrscheinlich als besonders aufregend, ja vielleicht sogar existenziell. Es ist also enorm wichtig, wie *wir selbst* mit Fehlern und Unzulänglichkeiten umgehen. Wenn wir davon ausgehen, dass die anderen, die Zuhörer und Zuschauer zunächst an uns und dem, was wir zu sagen haben, interessiert sind, dann fühlen wir uns vermutlich gleich etwas willkommener. Und wen das, was wir präsentieren, nicht interessiert, der ist dann eben am falschen Ort – und nicht wir.

Viele Menschen, die von Journalisten interviewt werden, erleben diese latent als Bedrohung. Diesen Interviewpartnern verdeutlichen wir dann in den Auftrittsworkshops immer, dass Journalisten meist sehr nette Zeitgenossen sind und primär an ihren Interviewpartnern und an den Inhalten *interessiert* sind. Wir laden die Teilnehmer ein, die Journalisten einfach mal als interessierte, wohlwollende Gesprächspartner zu erleben. Der Journalist ist ja abhängig von seinem Gesprächsteilnehmer als seinem Informationslieferanten, und nicht selten ist er genauso aufgeregt wie sein Interviewpartner. Selbst wenn ein Journalist dann doch ungemütlich werden und unangenehme Fragen stellen sollte, könnten wir beharrlich dabei bleiben, diesem Journalisten eine von Grund auf gute Absicht zu unterstellen. Wir lassen uns dann auf seinen Angriff einfach nicht ein und bleiben konsequent freundlich, wodurch wir ihm weniger Angriffsfläche bieten und somit weniger angreifbar sind. *Der Souverän bleibt gelassen, der Untergebene regt sich auf.*

Tiefere Ebenen des Selbstwertgefühls – Ich musste erst lernen, gewinnen zu wollen

Manchmal ist es so, dass Menschen sich bei öffentlichen Auftritten selbst unbewusst blockieren, da sie tief in sich drinnen der Überzeugung sind, es gar nicht *verdient* zu haben oder es nicht *wert* zu sein, wirklich erfolgreich zu sein. Manchmal erlauben Menschen es sich auch nicht, erfolgreich zu sein, damit andere nicht unter ihrem Erfolg leiden müssen. Bei Wettkämpfen ist es ja meist so, dass andere durch unser Glück Unglück erleben. Wenn wir also gewinnen, müssen die anderen wohl oder übel verlieren. Wenn wir nun aber sehr loyal und mitfühlend mit anderen sind, kann es sein, dass sich ein vielleicht eher kindlicher Teil von uns durchsetzt, ganz nach dem Motto *Gewinn lieber du als ich.* So etwas läuft meist unbewusst ab. So berichtet Britta Steffen, die Weltrekordlerin über 100 m Freistil, über ihre Erfahrung im Sportcoaching:

«Wir haben diesen Muskeltest[47] gemacht, der mit Gegendruck am ausgestreckten Arm funktioniert. Wenn man ja sagt und überzeugt von etwas ist, hält man dem Druck stand. Wenn nicht, geht der Arm runter. Es ging um die Frage: Traue ich mir einen Sieg bei der EM zu? Ich habe geantwortet: Ja, ich will gewinnen – aber innerlich habe ich es mir eben nicht zugetraut. Da habe ich eher so gefühlt: Wer bist du denn schon? Prompt ging der Arm runter. Dann hat mich Frau Janofske gefragt: ‹Warum willst du nicht gewinnen?› Meine Antwort kam ganz unbewußt und spontan: ‹Weil die anderen dann verlieren.› Eigentlich würde ich *sagen: Schwachsinn! Aber das war tatsächlich ein Problem für mich. Das haben wir dann umgepolt. Ich mußte erst lernen, gewinnen zu wollen».*[48]

Es könnte aber auch sein, dass wir das Gefühl haben, andere schmücken sich zu sehr mit unseren Federn, z. B. sportfanatische Eltern. Dann könnte es auch sein, dass wir diesen unseren Eltern unbewusst den Erfolg vorenthalten, in dem wir einfach nicht so gut sind, wie wir es eigentlich sein könnten. So etwas läuft meist unbewusst ab. Es ist im Grunde auch eine gesunde Reaktion, da damit die eigene Autonomie wieder hergestellt werden soll – und Autonomie ist nun mal eine existenziell wichtige seelische Überlebensstrategie.

Sollten Sie solche inneren, unbewussten Blockaden haben, dann könnten Sie auch diese mit der Energetischen Psychologie (S. 43) versuchen zu lösen. Manchmal lösen sich solche Blockaden auch schon dadurch, dass sie einem klar werden. Es kann aber auch sein, dass diese im Grunde selbstsabotierenden Blockaden so hartnäckig sind, dass es sich lohnt, sich einen Coach oder lösungsorientierten Psychotherapeuten Ihres Vertrauens zu suchen, mit dem Sie an der Auflösung dieser Blockaden arbeiten. Es ist nur *professionell*, sich dort Unterstützung zu holen, wo man selbst alleine nicht mehr oder nicht mehr in angemessener Zeit weiterkommt. Im Leistungsbereich ist es unprofessionell, wenn man seine leistungsmindernden Blockaden ignoriert und nichts gegen sie unternimmt. Außerhalb eines Leistungsbereiches ist es natürlich völlig o. k., seine Probleme und Blockaden auch einfach zu behalten. Oft sind sie ja auch der bestmögliche Kompromiss, den sich das eigene Unbewusste gesucht hat. Was nicht heißt, dass man dagegen nicht auch etwas z. B. mit lösungsorientierter Psychotherapie unternehmen könnte. Es könnte allerdings sein, dass diese Blockaden noch für irgendetwas gut sind. Außerdem haben wir Menschen nun auch mal jede Menge Macken und Unzulänglichkeiten. Das ist so. Es soll hier auf keinen Fall die Idee aufkommen, dass man alle Macken und Eigenheiten wegtherapieren sollte. Sie allein entscheiden, was Sie stört und was nicht. Es geht nicht darum, alle Menschen zu «*Normopathen*» zu machen.

Meine persönlichen Miesmacher

Anhand der folgenden drei Punkte können Sie sich innerlich ‹abscannen›
und fragen, wie und durch was genau Sie sich Ihre eigene Auftrittsfreude
vermiesen. Zu drei Zeitpunkten kann dies geschehen:

- *vor* öffentlichen Auftritten
- *während* öffentlicher Auftritte
- *nach* öffentlichen Auftritten

Notieren Sie sich die selbstsabotierenden Denk-, Fühl- und Verhaltensweisen einfach auf einem Blatt Papier. Mit den gefundenen *Miesmach-
strategien* können Sie dann zu der Klopfanleitung gehen (S. 62) und diese
dort sozusagen *entsorgen*[49].

Kapitel 4 – Die Top Ten positiven Auftrittserlebens

«Großer Dinge Gelingen hängt oft ab von sehr geringen.»
(Jüdisches Sprichwort)

Die hier aufgeführten Top Ten des positiven Auftrittserlebens haben sich in den Kompetenzanalysen Hunderter von Auftrittsprofis gezeigt, die ihre öffentliche Performance durch ein Auftritts-Coaching verbessert haben.[50] Dabei ist es egal, um was für einen Auftritt es sich handelt.

Wichtig vor einer öffentlichen Präsentation gleich welcher Art ist es, dass man innerlich seine Vorbereitungsphase abgeschlossen hat und zu seinem *aktuellen* Können steht und nur dieses präsentieren möchte. Gerade wenn es unser persönliches Anliegen ist, noch nach *Höherem* oder *Weiterem* zu streben, laufen wir Gefahr, zu bluffen und dann Angst zu bekommen, dass wir *auffliegen* könnten. Chopin soll einmal gesagt haben, Lampenfieber sei nichts anderes, als mehr zeigen zu wollen, als man eigentlich kann. Beachtet man nur einige der folgenden zehn Punkte, so dürfte sich das Wohlbefinden bei öffentlichen Auftritten allein dadurch wesentlich verbessern lassen.

Zur Steigerung Ihrer Auftrittsfreude könnten Sie nun ...

- die Vorbereitungsphase möglichst zufrieden abgeschlossen haben,
- bei schlechter Vorbereitung ggf. den Auftritt absagen. Wenn Sie dies nicht wollen oder können, sollten Sie nun zumindest sich selbst gegenüber dazu stehen, dass Sie nicht besser vorbereitet sind. Sie sollten also keine Spitzenleistung erwarten. Stehen Sie zu dem, was Sie jetzt können,
- nur das präsentieren wollen, was Sie auch wirklich beherrschen.

Top 1: Sinnhaftigkeit

Klären Sie die Sinnhaftigkeit des Auftritts für sich individuell, anstatt den Auftritt als «sinnlos» oder «Zwang» zu definieren

«Das Leben hat keinen Sinn außer dem, den wir ihm geben.»
(Thornton Wilder)

Menschen leiden meist genau dann unter etwas, wenn sie dieses als sinnlos oder als Zwang erleben. Viele Menschen verlieren die Lust an oder leiden unter Castings, Vorträgen, Prüfungen oder Auftritten, hinter denen sie nicht voll und ganz stehen können. Der Mensch ist nun einmal ein sinnsuchendes Wesen, von daher ist diese Reaktion vollkommen normal. Sie hat nur einen hohen Preis. Der Auftretende leidet, denn sein Gehirn signalisiert ihm, dass es die Sinnlosigkeit nicht akzeptiert. Aber diese Sinnlosigkeit ist meist nicht *gottgegeben*, sondern *hausgemacht*. Ob wir in einem Vortrag oder einer Prüfung Sinn erkennen oder nicht, liegt letztendlich einzig und allein in unserer eigenen Verantwortung. Wenn wir eine Abschlussprüfung als Abschlussritual oder Initiationsritus verstehen können, vielleicht gar als feierlichen Höhepunkt unseres Studiums oder unserer Ausbildung, dann macht es plötzlich wieder Sinn, sein Können den Menschen zu präsentieren, die es ja ohnehin meist gut kennen, seinen eigenen Lehrern, Prüfern und Mitstudenten. Wenn wir dies aber für sinnlos halten, da diese Menschen doch genau wissen, wie man die Dinge beherrscht, oder wenn wir die Prüfung als hierarchisches *Unterwerfungsritual* und *Machtinstrument* missverstehen bzw. erleben, dann werden wir natürlich darunter leiden und in diesem von uns so konstruierten Zwangskontext kaum Auftrittsfreude erleben.

Auch wenn man eine Partitur, einen Vortrag, eine Präsentation oder einen Sendebeitrag vor sich hat, der einem (z. B. in seiner Form) zunächst nicht gefällt, könnte man sich natürlich fragen, was ggf. doch interessant daran sein könnte oder was dafür sprechen könnte, dieses Stück im Konzert zu spielen, diesen Beitrag (in dieser Form) doch mit Spaß anzumoderieren bzw. diesen Vortrag vor diesem Publikum doch zu halten.

Selbst wenn es nur einige wenige Aspekte sind, die man mit diesem sinn-suchenden Aufmerksamkeitsfokus findet, so dürfte eine Präsentation des Werkes sinnvoller erscheinen und somit leichter fallen. Notfalls reicht es vielleicht auch, wenn man sich klarmacht: *Dies ist ein Teil meines Jobs.*

Von entscheidender Bedeutung ist auch, sich bewusst zu machen, dass man nicht gezwungen ist aufzutreten, sondern dass dies prinzipiell freiwillig geschieht. Niemand *muss* auftreten. Natürlich hätte es seinen Preis, eine Stelle aufzugeben, an einem Wettbewerb nicht mitzuspielen, einen Vortrag oder ein Konzert nicht anzunehmen. Alles hat seinen Preis! Und es bleibt in der Entscheidung des jeweiligen Menschen, welchen Preis zu zahlen er bereit und in der Lage ist. Meist wird es jedoch schon als Erleichterung erlebt, wenn man sich klarmacht, dass man auch an-ders könnte. Ganz nach dem Motto: *Wenn ich gehen kann, dann kann ich auch bleiben.*

Natürlich hat es auch erhebliche Auswirkungen, ob ich sage: «Ich *muss* heute Abend einen Vortrag halten» oder ob ich sage: «Ich *werde, möchte, darf* heute Abend einen Vortrag halten» oder einfach: «Ich *halte* heute Abend *einen Vortrag*».

Das positive Wirkprinzip lautet hier:
Sinnhaftigkeit des Auftritts für sich individuell klären.

Zur Steigerung Ihrer Auftrittsfreude könnten Sie nun
- den für Sie individuellen Sinn dieses Auftritts erkennen,
- sich bei zunächst fehlendem Sinn klarmachen, warum es dennoch gut sein könnte, diesen Auftritt zu meistern, und somit dem Auf-tritt doch noch einen Sinn geben,
- sich bewusstmachen, dass Sie letztendlich freiwillig auftreten,
- falls Sie den Auftritt dennoch als Zwang erleben bzw. Sie auftreten *müssen*, sollten Sie dennoch innerlich *ja* zu diesem Auftritt sagen, da Sie sich unter Zwang niemals wirklich wohl bei einem Auftritt fühlen werden. Außerdem dürfte der Auftritt Teil von etwas sein, für das Sie sich freiwillig entschieden haben und in dem Sie Sinn sehen,

- sich ggf. sagen: *Dies ist mein Job, und ich mache ihn eben, so gut ich kann*;
- sich verdeutlichen, dass Sie auftreten *wollen* (nicht *müssen* oder *sollen*),
- einfach nicht auftreten und erhobenen Hauptes die Konsequenzen dafür tragen.

Top 2: Prozessorientierung

Schauen Sie auf den Prozess, nicht auf das Ziel

«Erfolg sollte stets nur die Folge, nie das Ziel des Handelns sein.»
(Gustave Flaubert)

Es hat sich gezeigt, dass es meist zu einem unguten Gefühl führt, wenn man sich während des Auftritts innerlich auf das Ende der Darbietung ausrichtet. Wenn man bei Wettbewerben schon an den Preis, die Prüfungsnote oder die Platzierung denkt oder wenn man bei einer Rede, einem Vortrag oder einer Präsentation innerlich schon nicht mehr auf der Bühne ist, dann ist man nicht mehr voll und ganz da, was man uns meist auch ansieht. Wir sehen dann eher wie jemand aus, der flieht.

Sind wir bei öffentlichen Auftritten oder Wettkämpfen jedoch zeitlich in der Gegenwart, also im *Hier und Jetzt*, so können wir natürlich auch besser das Geschehen beeinflussen. Das bewusste Erleben des Augenblicks ist eine wichtige Komponente für uns, wenn wir etwas intensiv erleben oder wirklich gut machen wollen.[51]

Vor (!) dem Auftritt hingegen kann es sehr sinnvoll sein, sich vorzustellen, was man denn im Anschluss an den Auftritt Schönes machen möchte. Wie man z. B. den Abend gestalten möchte. Man kann sich z. B. vorstellen, wie man mit einem Glas Wein (oder Apfelschorle) den gelungenen Auftritt genießt oder wie man es genießt, nach dem Auftritt dieses oder jenes zu tun: Applaus zu genießen, Fragen zu beantworten, sich bewundern zu lassen, Autogramme zu geben, sich selbst zu bewundern, sich auf dem Siegertreppchen zu sehen, essen zu gehen oder was auch immer. Dies ist so wichtig, da für die meisten Auftrittsängstlichen in ihrer Vorstellung das Leben nach dem Auftritt nicht weitergeht. Ähnlich wie bei Zahnarztängstlichen, deren Welt im Backenzahn verschwindet. Dadurch bekommt der Auftritt eine zu exponierte Bedeutung. Sinnvoll ist es viel eher, den Auftritt als ein Element des Alltags einzuordnen:

Morgens frühstücken wir schön, dann fahre ich zur Probe. Auf dem Weg dahin besorge ich noch den Rotwein für das Wochenende, und dann fahre ich direkt zur Carnegie Hall, um mich vor der Probe einzuspielen. Dann spiele ich das Klavierkonzert, auf das ich mich schon richtig freue, bin auch schon ganz gespannt, wie der Dirigent bei der Aufführung das Orchester führt. Nach dem Konzert muss ich unbedingt noch Johannes ansprechen, dass er mir sagt, welchen DVD-Recorder er so sehr empfiehlt. Ach ja, und dann treffen wir uns ja nach dem Konzert noch in dem taiwanesischen Restaurant und essen gemeinsam. Dabei können wir dann auch besprechen, wie wir das am Wochenende mit dem Ausflug in die Rocky Mountains machen wollen.

Während des Auftritts ist es jedoch wie gesagt enorm wichtig, voll und ganz im Prozess zu sein.

Natürlich ist es genauso wichtig, sich *vor* Auftritten *die* Ruhe und Sammlung zu gönnen, die man braucht. Aber eine zu starke Exponierung des Auftritts kann diesen eben auch künstlich erhöhen.

Das positive Wirkprinzip lautet hier:
Prozessorientierung statt Zielorientierung.

Zur Steigerung Ihrer Auftrittsfreude könnten Sie nun ...
- vor dem Auftritt an etwas Schönes nach dem Auftritt denken,
- den Auftritt als *einen* Teil Ihres Alltags, Ihres Lebens erleben,
- während des Auftritts im *Hier* und *Jetzt* sein, ganz nach dem Motto: *Ich, jetzt, hier!*

Top 3: Tätigkeit

Richten Sie den Aufmerksamkeitsfokus auf die Tätigkeit und nicht auf etwas anderes

«Sammle dich zu jeglichem Geschäfte, nie zersplittere deine Kräfte!»
(*Friedrich von Bodenstedt, Mirza Schaffy*)

Menschen, denen es auf der Bühne schlechtgeht, die sich unsicher oder ausgeliefert fühlen, sind mit ihrer Aufmerksamkeit meist auf etwas *Prozessfernes* ausgerichtet. Sie denken z. B. daran, wie die Zuschauer ihre Darbietung wohl finden werden, überlegen sich, was wohl der Chef, die Kollegen, die Presse, das Fernsehpublikum, die eigenen Eltern meinen, oder sie sind mit ihrem Aufmerksamkeitsfokus irgendwo anders, sind z. B. auf störendes Körpererleben wie Herzrasen, Zittern, feuchte Hände etc. fokussiert.

Wenn wir mit unserem Aufmerksamkeitsfokus jedoch voll und ganz auf das gerichtet sind, was wir machen, sei das nun reden, formulieren, präsentieren, argumentieren, musizieren oder sportliche Leistung bringen, so fühlen wir uns meist sicher. Wir haben dann kaum Gehirnkapazitäten frei, um uns andere, störende Gedanken zu machen.

Das positive Wirkprinzip lautet hier:
Aufmerksamkeitsfokus ist auf die Tätigkeit gerichtet.

Zur Steigerung Ihrer Auftrittsfreude könnten Sie nun ...
- voll und ganz auf das Eigentliche ausgerichtet sein,
- ganz in der Sache, die Sie gerade praktizieren, aufgehen.

Top 4: Positive Zielsetzungen

Nutzen Sie positive Zielbeschreibungen im Selbstgespräch und Dialog, anstatt über die Abwesenheit von Fehlern und Problemen zu sprechen

«Ich kann kein verneinendes Prinzip in meinem Leben brauchen.»
(Franziska Gräfin zu Reventlow, Tagebücher)

Hier geht es um sogenannte Nicht-Sätze und deren spürbare Auswirkung auf den Körper. *Bitte denken Sie 20 Sekunden lang nicht an einen schwarzen Konzertflügel ...!* Und, hat es geklappt? Wahrscheinlich nicht. Wenn man nur lange genug wartet, *erscheint* den meisten Menschen tatsächlich ein schwarzer Konzertflügel. Es sei denn man lenkt sich bewusst ab und denkt konkret an etwas anderes. An etwas zu denken hat mit Visualisieren, also mit Sehen zu tun. Unser Gehirn macht bei Verneinungen also nicht das, was es eigentlich sollte. Dies liegt daran, dass wir nur das Vorhandensein von etwas, also prinzipiell Abbildbares, und nicht die Abwesenheit von etwas, also nicht Abbildbares, denken können. Dies hat die Konsequenz, dass unser Gehirn Sätze mit Verneinungen neuronal nicht abbilden kann. Es entsteht nicht das gewünschte Bild, sondern genau das Gegenteil, also das Bild des eigentlich zu Verneinenden. Dies hat erhebliche Auswirkungen, vor allem wenn man bedenkt, dass unsere Gedanken und das, was wir aussprechen, eine direkte Wirkung auf unsere Physiologie, also auf unseren Körper haben[52].

Das Gehirn verarbeitet nämlich kognitive, emotionale und körperliche Vorgänge nicht getrennt, sondern sie werden gleichzeitig erfasst. Wörter, Gefühle und Körpersensationen werden miteinander vernetzt im Gehirn *abgelegt*. Benutzen wir ein Wort, so wird stets die damit abgespeicherte Körper- und Gefühlsreaktion aufgerufen. Man kann sich lebhaft vorstellen, was auf der Körper- und Gefühlsebene abläuft, wenn wir uns sagen, *hoffentlich habe ich beim Auftritt keine Angst und zittere nicht wieder so*.

Es ist also enorm wichtig, Ziele positiv auszudrücken und so das Erwünschte zu beschreiben, wenn nicht gar *heraufzubeschwören*. Der Körper erinnert sich dann automatisch an die zu dem positiven Ziel gehörenden guten Gefühle, Bilder, Erinnerungen, Erwartungen und die Erfahrungen der Vergangenheit. Dies führt dann im Sinne einer *sich selbst vollziehenden Prophezeiung* dazu, dass das Gewünschte mit einer höheren Wahrscheinlichkeit auch eintritt. «Hoffentlich bin ich bei dem Vortrag *ruhig und sicher*» anstatt «hoffentlich bin ich nicht so *aufgeregt und unsicher*». «Hoffentlich wirke ich bei dem Interview *souverän und kompetent*» anstatt «Hoffentlich wirke ich nicht so *inkompetent* und *fahrig*». Interessanterweise bildet die Art und Weise des Verhaltens (Verben, Adjektive oder adverbiale Bestimmung) in den Satzbeispielen den Höhepunkt des jeweiligen Satzes, was dazu führt, dass sich diese Information (und die dazugehörige körperliche Reaktion) umso intensiver ins Denken und Fühlen einzubrennen scheinen. «Seien Sie bitte *sorgfältiger*, seien Sie nicht so *schlampig*; Sie können mir *vertrauen*, ich werde Sie nicht *übervorteilen*» etc. Bei alledem ist es egal, ob der Dialog zwischen uns und einer anderen Person geführt wird oder ob es sich um ein Selbstgespräch handelt.

Dinge, die wir uns bildlich vorstellen, treten mit einer höheren Wahrscheinlichkeit auch ein. Diese Erkenntnis machen sich Sportler schon lange zunutze. So gibt es Untersuchungen an Basketballspielern, in denen sich eine Gruppe eine Verbesserung ihrer Wurfleistung *nur* vorgestellt hat und eine zweite Gruppe dies tatsächlich trainiert hat. Beide Gruppen haben gleich gute Verbesserungen erzielt. Salopp formuliert könnte man sagen, dass unser Gehirn eben nicht genau unterscheiden kann, ob wir uns eine Handlung nur vorgestellt oder ob wir sie tatsächlich ausgeführt haben. Es werden die gleichen Hirnareale aktiviert.

Es ist also von immenser Wichtigkeit und kann in seiner Auswirkung nicht hoch genug eingeschätzt werden, dass sich der *Auftrittswillige* vor seinem Auftritt das *gewünschte* Ziel vorstellt bzw. sprachlich ausdrückt – und nicht die möglichen Probleme. Das Gehirn aktiviert dann auch sämtliche Erinnerungsnetzwerke, die mit dem positiven beschriebenen oder erwarteten Verhalten assoziiert sind. Der bekannte Körpertherapeut Moshe Feldenkrais hat dazu gesagt: *«Wenn du weißt, was du tun willst, kannst du tun, was du willst.»*

Bei diesen Vorstellungsübungen sollten Sie sich möglichst bildhaft sehen, wie Sie Ihren Auftritt gut meistern (siehe auch Visualisierungsübung der Energetischen Psychologie, S. 70). Nehmen Sie sich hierfür ein paar Minuten Zeit und genießen Sie die positiven Vorstellungen. Erlauben Sie sich dabei auch, einfach mal zu schwelgen und sich sozusagen ein *Auftritts-Luftschloss* zu bauen. Wichtig dabei ist auch, sich leibhaftig vorzustellen, auf welche kluge, kreative oder witzige Weise Sie mit Fehlern und Pannen umgehen möchten.

Das positive Wirkprinzip lautet hier:
Nutzung positiver Zielbeschreibungen im Selbstgespräch und Dialog.

Zur Steigerung Ihrer Auftrittsfreude könnten Sie nun ...
- mit positiv formulierten Wünschen, Erwartungen und Zielbeschreibungen dem Auftritt *entgegenfiebern,*
- bildlich imaginieren, wie Sie den Auftritt gerne und für sich gut erleben wollen,
- sich positive Kernüberzeugungen und Selbstwertsteigerungssätze sagen (die Sie ggf. auf S. 82–86 erarbeitet haben),
- sich vorstellen, dass etwas schiefgeht oder Sie einen Fehler machen und wie Sie gern auf diese Panne reagieren würden, z. B. mit Humor, Witz, Souveränität, heiterer Gelassenheit etc. Siehe auch das Kapitel: Optimaler Umgang mit Pannen und effizientes Worst Case Management (S. 112).

Top 5: Das reale Alter

Treten Sie im Bewusstsein Ihres realen Alters auf,
anstatt sich viel jünger zu fühlen

«Werde, der du bist.»
(Heraklit)

Aus der Analyse von Auftrittssituationen Hunderter sich exponierender Menschen konnte ich beobachten, dass nahezu alle, die sich in der Auftrittssituation unwohl oder ängstlich fühlen, etwas Ähnliches erleben[53]. Sie fühlen sich (teilweise viel) jünger, als sie tatsächlich sind. Der Auftritts- oder Prüfungskontext aktiviert alte (Kindheits-)Erinnerungen, in denen man sich überfordert, unterlegen oder ausgeliefert gefühlt hat. Das Gehirn katapultiert das altersmäßige Selbsterleben in die Vergangenheit, was dazu führt, dass man sich wieder *so wie früher* fühlt, was man natürlich in Situationen, in denen man eigentlich Höchstleistungen bringen möchte, nicht unbedingt gebrauchen kann.

In der Praxis hat sich eine sehr einfache und leicht anzuwendende Selbstcoaching-Strategie als äußerst hilfreich erwiesen. Macht der Auftrittskandidat sich nämlich vor und während des Auftritts sein tatsächliches Alter bewusst, z. B. durch die Affirmationen: *Ich bin 39 Jahre alt* oder *Ich habe 39 Jahre Lebenserfahrung und 15 Jahre Berufserfahrung*, so kommt es häufig sehr schnell zu einem Auftauchen aus dem *Kindheitserinnerungsheimkino*. Dies führt oft zu einer größeren Gelassenheit und zu einer deutlichen Abnahme der negativen Gefühle und zu einer Zunahme des Wohlbefindens. Das Gehirn bleibt dann in einem *altersangemessenen* Zustand und hat somit wieder einen besseren Zugriff auf die vorhandenen Ressourcen und Kapazitäten. Es nutzt wieder die gesamte Klaviatur der persönlichen Erfahrungen und Kompetenzen.

Das positive Wirkprinzip lautet hier:
Im Bewusstsein des realen Alters auftreten.

Zur Steigerung Ihrer Auftrittsfreude könnten Sie nun ...

- im Bewusstsein Ihres realen Alters und Ihrer realen Lebens- und Berufserfahrung auftreten,
- dazu können Sie sich ggf. Ihr reales Alter auf das Redemanuskript, die Noten, den Aufsagetext oder den Teleprompter schreiben,
- oder Sie kleben oder malen sich einen kleinen Punkt auf Ihre Uhr, und immer dann, wenn Sie auf Ihre Uhr schauen (also mehrmals täglich), werden Sie daran erinnert, dass Sie so alt sind, wie Sie es eben sind.

Top 6: Innere Begleiter

Nehmen Sie hilfreiche innere Begleiter mit anstatt innere Kritiker, Nörgler oder Besserwisser

«Allein ist besser als mit Schlechten im Verein. Mit Guten im Verein ist besser als allein.»
(Friedrich Rückert, Gedichte)

Menschen berichten nicht selten, dass sie bei schlecht laufenden Auftritten das Gefühl haben, von ihren ärgsten Kritikern umzingelt zu sein, ihren strengen Vater im Rücken zu spüren oder die mahnenden und stets unzufriedenen Blicke eines Lehrers zu spüren. Dies führt dann meist unweigerlich dazu, dass die eigene Kompetenzzuversicht oder Selbstannahme abnimmt und das *gefühlte Alter* sinkt, was wiederum den Unsicherheits- und Angstpegel steigen lässt.

Manche Menschen berichten jedoch auch, dass sie in exponierten Situationen die schützende und wohlwollende Energie ihres Vaters, eines Lieblingslehrers oder einer anderen Person hinter sich spüren, was dann oft wie von selbst dazu führt, dass sie sich sicher, geborgen und angenommen fühlen. Dies wirkt sich natürlich positiv auf die eigene Kompetenzzuversicht und Auftrittsfreude aus.

Es ist also hilfreich, sich vor dem Auftritt aktiv zu entscheiden, welchen hilfreichen inneren Begleiter man mitnehmen möchte. Genau diese Funktion haben übrigens auch das Maskottchen und der Talisman. Überlegen Sie sich also genau, wer Ihnen guttut, wer Ihr Standing bei Auftritten stärkt und wen sie lieber zu Hause lassen sollten.

Das positive Wirkprinzip lautet hier:
Hilfreiche innere Begleiter mitnehmen.

Zur Steigerung Ihrer Auftrittsfreude könnten Sie nun ...
- einen oder mehrere hilfreiche innere Begleiter auf die Bühne, ins Studio oder in die Präsentation mitnehmen,
- sich im Publikum, am Radio oder Fernsehgerät eine oder mehrere wohlwollende, nette und positiv zugewandte Personen vorstellen.

Top 7: Körperlichkeit

Seien Sie in sich, anstatt neben sich zu stehen

«Bleib im Gleise, so fährst du nicht irre.»
(Deutsches Sprichwort)

Viele Menschen, die sich in der Öffentlichkeit zeigen, erleben in Auftrittssituationen das Gefühl, neben sich zu stehen. Häufig wird diese Wahrnehmung als extrem unangenehm beschrieben. Der neben sich stehende Mensch hat einen weniger guten Zugriff auf sein Nervensystem, was subjektiv so erlebt wird, als würde er ausgeliefert sein oder die Steuerungskompetenz über das Geschehen verlieren.

Deshalb ist es hilfreich und angenehm, wenn der Redner oder Vortragende sich in Auftrittskontexten in seinem eigenen Körper befindlich erlebt. Sozusagen zentriert ist. So hat er eine größere Zuversicht, die Dinge gestalten zu können, und er erlebt diese Steuerungskompetenz hautnah. Denn nur wer auch da ist, kann seine inneren kreativen Räume öffnen. Ist einem dieses Prinzip bewusst, so kann man sich meist wieder *in sich selbst begeben*, sollte man *sich kurzfristig mal verlassen* haben.

Das positive Wirkprinzip lautet hier:
In sich sein.

Zur Steigerung Ihrer Auftrittsfreude könnten Sie nun ...
- körperlich zentriert sein,
- sich in sich drin fühlen,
- sich vor dem Auftritt das Gesicht reiben, den Boden unter Ihren Füßen spüren, etwas Kaltes oder Heißes trinken,
- einige Übungen aus der Energetischen Psychologie machen, wie z. B. die Überkreuzübung (S. 50),
- sich mit körperorientierten Techniken und Methoden beschäftigen, wie z. B. Feldenkrais-Technik, Alexander-Technik, Atemübungen oder Yoga.

Top 8: Selbst-Wertschätzung

Gehen Sie wertschätzend mit sich selbst um – vor allem bei Fehlern und Problemen, anstatt sich selbst zu bestrafen und mit sich selbst zu hadern

«Die schlimmsten Fehler werden gemacht in der Absicht,
einen begangenen Fehler wiedergutzumachen.»
(Jean Paul)

Viele Auftretende berichten, dass sie sich nach einem Fehler, Versprecher oder Verspielen noch während des Auftritts über sich selbst ärgern. Der Preis dafür ist nicht selten, dass es zu einer weiteren Erhöhung der Fehlerwahrscheinlichkeit kommt, da das Nervensystem nun förmlich in einen wahren Fehler*sog* gerät. Entlastender ist ein selbst*akzeptierender* Umgang bei Fehlern, Pleiten, Pech und Pannen. Es kann hilfreich sein, sich im Vorfeld eines Auftritts zu fragen, was man für eine Fehlerfreundlichkeit hat und ob man Fehler als endgültigen Beweis für seine Inkompetenz bewerten will oder ob man sie als hilfreiche Informationen und Lernfelder, die Entwicklungspotenziale und -möglichkeiten aufzeigen, betrachtet.

Eine Haltung zu sich selbst, in der man ganz klar seine eigenen Grenzen sieht, zu diesen steht und eine eigene Motivation hat, diese Grenzen allmählich zu überwinden, ist erheblich erfolgversprechender als die *Vorspiegelung falscher Tatsachen*. Eine selbstannehmende Haltung kann mehr oder weniger immun gegen Angriffe von außen machen. Nicht ein anderer entscheidet dann, dass dieses oder jenes noch verbesserungsfähig ist, sondern man selbst, ganz nach dem Motto, *habe ich euch doch gesagt, dass ich noch nicht ganz am Ziel bin* (siehe auch S. 112).

Das positive Wirkprinzip lautet hier:
Wertschätzender Umgang mit sich selbst – vor allem bei Fehlern und Problemen.

Zur Steigerung Ihrer Auftrittsfreude könnten Sie nun ...
- wohlwollend zu sich selbst und Ihrem aktuellen Können stehen,
- bei aufgetretenen Fehlern oder Patzern wohlwollend und selbstannehmend, vielleicht auch humorvoll mit sich umgehen,
- sich vielleicht einen Satz zurechtlegen, den Sie sich sagen können, wenn Sie einen Fehler gemacht haben, wie z. B. *Fehler gehören dazu* oder *Schau an, eine weitere Optimierungschance.*

Top 9: Positive Erinnerung

Treten Sie mit einer positiven Erinnerung an einen ehemaligen Erfolg auf, statt auf mögliche Fehler und Pannen fokussiert zu sein

«Es ist erfreulich, sich einer glücklichen Zeit zu erinnern.»
(Ovid, Metamorphosen)

Es kommt bei Rednern, Sprechern, Moderatoren und Musikern häufig vor, dass sie auf die Bühne bzw. vor die Kamera gehen und sich vorstellen, was alles schiefgehen könnte und was in der Vergangenheit schon alles schiefgegangen ist. Dies führt zu einer unbewussten inneren Fehlersuche und lässt die Wahrscheinlichkeit, dass Fehler auftreten, tatsächlich größer werden.

Viele dieser Menschen haben berichtet, dass sie mit mehr Freude, Gelassenheit und Erfolgszuversicht auftreten, wenn sie sich vor dem Auftritt an einen oder mehrere erfolgreiche Auftritte der Vergangenheit erinnert haben. Dabei reicht es völlig aus, sich an eine einzelne Sequenz aus einem Auftritt möglichst bildhaft zu erinnern, die gut gelaufen ist. So kommen Sie in einen guten psycho-physiologischen Zustand, und das Nervensystem geht innerlich eher auf die Suche nach erfolgsassoziierten Erinnerungsfeldern. Natürlich darf die Erinnerung an den ehemaligen guten Auftritt nicht so benutzt werden, dass sie den aktuellen Erwartungsdruck erhöht oder der Betreffende den Auftritt nicht ernst nimmt. Die positive Einstimmung soll viel eher die Spielfreude und positive Erwartungshaltung vergrößern.

Das positive Wirkprinzip lautet hier:
*Mit einer **positiven** Erinnerung an einen ehemaligen Erfolg auftreten.*

Zur Steigerung Ihrer Auftrittsfreude könnten Sie nun ...
- mit Zuversicht und positiver Vorfreude auftreten,
- mit der Erinnerung an einen gut gelaufenen Auftritt aus der Vergangenheit auftreten,
- wenn alte, schlecht gelaufene Auftritte noch zu präsent sind, die Klopftechnik aus der Energetischen Psychologie anwenden (S. 43).

Top 10: Auftritt aktiv gestalten

Treten Sie in aktiver, gestaltender Haltung auf statt in passiver bzw. Opferhaltung

«Das Wichtigste ist in erster Linie, dass man zu Selbertun und nicht zur Passivität erzogen wird.»
(Richard von Weizsäcker)

Aus der psychosomatischen Medizin ist bekannt, dass es krankmachend ist, wenn man sich ausgeliefert fühlt, wenn man sich in der Opferrolle wähnt und wenn man das Gefühl hat, dass etwas mit einem geschieht und man keine Einflussnahme auf das Geschehen hat. So berichten auftrittsgestresste Menschen häufig, dass sie sich in Vortrags- bzw. Vorspielsituationen oder Prüfungen ausgeliefert fühlen, das Gefühl haben, funktionieren zu müssen, oder ihnen die Zuversicht schwindet, dass sie ihr Instrument oder ihre Stimme beherrschen. Ferner haben sie oft das Gefühl, *Erfüllungsgehilfe* fremder oder eigener hoher Erwartungen zu sein. All dieses Erleben ist eher mit einer Opfer- als mit einer Schöpferrolle assoziiert. Wenn wir eine Situation aus der Opferphysiologie erleben, erhöht sich unsere individuelle Angstbereitschaft. Unser evolutionsbiologisch angelegter Fluchtreflex wird dann aktiviert, wir bekommen Herzrasen, schwitzige Haut und einen Tunnelblick.

Wie man eine Situation erlebt, hat primär etwas mit dem eigenen Selbsterleben und der Kontextzuschreibung zu tun, also damit, wie wir die Situation interpretieren. Wir entscheiden zu einem großen Teil selbst, ob wir die jeweilige Situation durch eine *Opferbrille* sehen oder ob wir unsere Aufmerksamkeit auf unsere Gestaltungsspielräume richten.

Deshalb ist es hilfreich und sicherheitsspendend, wenn wir einen Auftritt, ein Probespiel oder eine Prüfung in einer Art *Schöpferrolle*, also einen von uns gewünschten und von uns *proaktiv* gestalteten Kontext konstruieren bzw. erleben. Hierbei ist es hilfreich, sich vorher vorzustellen und zu visualisieren, was wir genau erleben und erreichen möchten, wie wir die Situation gerne gestalten möchten und was uns zu zeigen besonders wichtig ist. Eine abwartende und auf Passivität oder bloßem Reagieren ruhende Haltung beinhaltet die Gefahr, dass uns das Geschehen bzw. das Erleben *aus den Händen gleitet*, dies würde wiederum zu einem Angstanstieg führen.

Wenn Sie sich also als Erfüllungsgehilfe äußerer oder eigener innerer Erwartungen erleben, wird es Ihnen garantiert schlechtgehen. Nutzen Sie jedoch Ihre gestalterische Freiheit, so machen Sie sich weitestgehend immun gegenüber störendem Lampenfieber. Ein schönes Beispiel dafür ist unser ehemaliger Außenminister Joschka Fischer. In einem Interview unter freiem Himmel, in dem er eine komplizierte Frage beantworten sollte, sagte er plötzlich zu dem Journalisten: «*Vorsicht, Sie haben da eine Wespe am Kopf*», machte eine die Wespe verscheuchende und gleichzeitig fürsorglich wirkende Handbewegung und wandte sich inhaltlich sofort wieder seinem Thema zu. Whow, Chapeau, das war eine Meisterleistung in Sachen proaktives Gestalten der Situation.

Auch *Sie* entscheiden letztlich selbst, *wie* Sie sich oder Ihr Werk präsentieren, *was* Ihnen persönlich wichtig ist und *worauf* Sie besonderen Wert legen. Der Bereich, über den Sie selbst verfügen, also Ihr Thema und die für Sie wichtigen Aspekte dieses Themas, ist kaum anfällig für störendes Lampenfieber. «Wer spannende Geschichten zu erzählen hat, braucht keine Angst zu haben».[54] Wenn Sie nichts mitzuteilen haben, ist Auftrittsangst ein absolut sinnvolles und berechtigtes Gefühl, und es ist im Grunde eine Unverschämtheit den Zuhörern gegenüber, die Ihnen ihre Zeit und Aufmerksamkeit schenken.

Das positive Wirkprinzip lautet hier:
In aktiver, gestaltender Haltung auftreten.

Zur Steigerung Ihrer Auftrittsfreude könnten Sie nun ...

- in aktiver, gestaltender, sozusagen in einer *Schöpferrolle* auftreten,
- sich darüber im Klaren sein, dass *Sie* es sind, der den Prozess steuert,
- sich überlegen, was Sie bei dem vor Ihnen liegenden Auftritt ausprobieren oder konkret *rüberbringen* wollen,

- wissen, *was* Sie dem Publikum *mitgeben* oder erzählen wollen, und sich darauf fokussieren,
- die Bühne wenn möglich so einrichten, wie es für Sie optimal ist. Schaffen Sie die für Sie beste Atmosphäre, stellen Sie sich z. B. Ihren Lieblingssaft oder Ihr Lieblingsmineralwasser ans Rednerpult (am besten ohne Kohlensäure, damit Sie nicht andauernd aufstoßen müssen). Wenn Sie Blumen mögen, so stellen Sie sich doch einen schönen Blumenstrauß ans Rednerpult oder auf den Konzertflügel.
- Ihre Freiräume *einfach* nutzen.

Fazit

Die hier beschriebenen zehn Grundprinzipien positiven Auftrittserlebens wurden in den Analysen hunderter positiver Auftrittssituationen von sich exponierenden Musikern, Radio- und Fernsehmoderatoren, Pressesprechern, Managern, Führungskräften, Künstlern und anderen sich öffentlich exponierenden Menschen gewonnen. Wenn das emotionale negative Erregungsniveau noch nicht zu hoch ist, sind diese mentalen Strategien meist sehr hilfreich. Sollte Ihr aktuelles Stresserleben jedoch schon sehr ausgeprägt sein, sollten Sie zunächst Ihr Stresslevel mittels Übungen aus der Energetischen Psychologie reduzieren (S. 43). Es bleibt abschließend darauf hinzuweisen, dass es oft nicht viel an Veränderung bedarf, um viel zu verändern.

Die folgende Tabelle 4 können Sie als Checkliste nutzen, anhand deren Sie die ausprobierten unterschiedlichen Punkte der Top Ten dokumentieren und bewerten.

Tabelle 4: Nutzung der Top Ten positiven Auftrittserlebens zur Verbesserung des eigenen Auftritts

Top Ten Nr.	Auftrittskontext	Habe ich den jeweiligen Punkt der Top Ten im positiven Sinne beachten bzw. nutzen können?	Habe ich bei dem jeweiligen Punkt das Auftrittsverbesserungspotenzial noch nicht ausgenutzt?	o. k.	wiederholen
Z. B. 5. Gefühltes Alter	Präsentation vor dem Vorstand	nee	Habe mich wie am Anfang meines Studiums gefühlt.		bei der nächsten Vorstandspräsentation
Z. B. 10. aktiv, gestaltend	Nachrichten im Radio sprechen	ja, habe den Text aktiv gestaltend gelesen und hatte dabei das Gefühl, alles in der Hand zu haben		✓	
Z. B. 6. hilfreichen inneren Begleiter	Konzertabend in der Hochschule, Mozart Violinkonzert gespielt	...	...		
1.					
2.					

3.					
4.					
5.					
6.					
7.					
8.					
9.					
10.					

Kapitel 5 – Kreatives und intelligentes Fehlermanagement

«Die Kunst zu erfreuen besteht darin, selbst erfreut zu sein.»
(William Hazlitt, Der runde Tisch)

Jeder Mensch hat bestimmte echte und imaginäre Auftrittshelfer. Das können Menschen sein, die man innerlich oder wirklich dabei hat; das können aber auch kognitive und mentale Strategien sein (siehe auch Top Ten des positiven Auftrittserlebens, S. 92). Vor allem ein kreativer und individuell passender Umgang mit Fehlern und Pannen ist von ganz besonderer Wichtigkeit und erfüllt somit die Kriterien eines strategischen Auftrittshelfers. Allein deshalb, da Fehler und Pannen immer auftreten werden, sie sich nicht wirklich verhindern lassen.

Bitte bedenken Sie, dass die Angst vor Fehlern oder das verbitterte Vorhaben, Fehler unbedingt vermeiden zu wollen, meist zum genauen Gegenteil führt. Angst macht eng (Angustia *lat.* Enge, Beklemmung). Bei uns in Deutschland herrscht immer noch der Glaube, dass Fehler auf jeden Fall verhindert werden müssten. Man glaubt, Fehler dürfe man nicht zugeben, da sich das negativ aufs eigene Image auswirken könnte. Es dominiert noch immer eine Null-Fehler-Kultur, obwohl Hirnforscher, Psychologen, Pädagogen und Unternehmensberater schon lange wissen: Fehler bringen weiter. Eine Kultur, in der es keine Angst vor Fehlern und Irrtümern gibt, ist kreativ und offen für Innovationen. Nicht umsonst kopieren weltweit viele Firmen den Automobilweltmarktführer Toyota und dessen «Toyota-System», bei dem es dank seiner Fehlerfreundlichkeit darum geht, Fehler aufzuspüren, um letztlich Verbesserungen herbeiführen zu können. Die besten Gegenbeispiele für eine miserable Fehlerkultur sind das Gesundheitssystem, die Krankenhäuser, aber auch die Spitzenorchester, die eine hochstilisierte *Null-Fehler-Toleranz-Philosophie* praktizieren. Der hohe Preis, der dabei gezahlt wird, liegt nämlich in einer Zunahme von Vermeidung, Vertuschung und Angst und somit von

Fehlern. Wenn ein System vorgibt, dass es keine Fehler geben dürfe, dann können Menschen, die dennoch Fehler machen, diese nur vertuschen, da sie ja ein Tabu verletzt haben und sich somit am herrschenden Wertesystem *versündigt* haben. Da Fehler aber nun einmal immer auftreten werden, und zwar in allen Systemen, sind die Menschen in den Null-Fehler-Toleranz-Systemen hoffnungslos überfordert, wenn Fehler auftreten. Zugeben können sie die Fehler nicht, da sie sich primär Angriffen und Reglementierungen aussetzen würden. Somit sind diese Systeme bezüglich der Verbesserung ihrer Fehlervermeidungskompetenz gewissermaßen lernbehindert. Die Fehler, die auftreten, treten immer wieder auf, da sich niemand die Mühe macht, die Fehlerquellen aufzuspüren und die Fehler so anhaltend zu vermeiden, denn die Fehler wurden ja verdrängt, also sind sie dem kreativen und kommunikativen Raum entzogen.

Es könnte also für Sie Sinn machen, eine gewisse Zeit darauf zu verwenden, sich zu überlegen, welcher Umgang mit Fehlern und Pannen zu Ihnen am besten passt. Wichtig dabei ist auch, diese Strategien auszuprobieren, z. B. auch dadurch, dass Sie, wenn es mal nicht ganz so drauf ankommt, bewusst Fehler und Pannen einbauen und dann den intelligenten und kreativen Umgang mit ihnen üben. Anhand der folgenden Tabelle können Sie diese Strategien notieren und dann in der rechten Spalte bewerten, je nachdem, ob sie sich als nützlich und hilfreich erwiesen haben oder nicht.

To do	Beschreiben Sie hier die individuelle, sich für Sie interessant anfühlende Fehler- und Pannenbewältigungsstrategie	Hier können Sie notieren, was daran hilfreich und nützlich war	Bewertung +++/++/+ egal -/- -/- - -
z. B.	Charmant lächeln, wenn ich Fehler mache.	Hat Spaß gemacht. Positiv ungewohnt. Fehler war plötzlich nicht mehr so schlimm.	++
z. B.	Bei Fehlern einfach weiterreden bzw. weiterspielen.	War cool. Hatte das Gefühl, viele der Zuhörer haben den Fehler ohnehin nicht mitbekommen.	+
z. B.	Mich selbst humorvoll auf die Schippe nehmen.	Hat sehr viel Spaß gemacht. Verbindung zum Publikum wurde dadurch noch besser. Bin danach von jemandem angesprochen worden, dass er das sehr sympathisch fand.	+++
1.			
2.			
3.			
4.			

5.			
6.			
7.			
8.			
9.			
10.			

Nur wenn Sie mit sich wertschätzend und annehmend (auch) bei Fehlern umgehen, haben Sie auch die Chance, genau zu analysieren, warum ein Fehler aufgetreten ist und wie Sie ihn beim nächsten Mal vermeiden können. Wenn Sie sich für Fehler bestrafen, ist die Gefahr groß, dass Sie das leidige Thema schnell vom Tisch haben wollen, Sie genervt von sich sind und nicht mehr genau hinschauen, da das Thema zu unangenehm für Sie ist.

Sie müssen Todesangst vor einem Fehler haben

In einer Folge der Fernsehserie «Emergency Room» war ein neuer Chefarzt einer Klinik zu sehen, der in der Ärzterunde mit dramatischem Habitus seine Ärzte einschwor, dass sie Todesangst vor Fehlern haben müssten. Die völlig verängstigten Assistenzärzte waren sichtlich beeindruckt von seiner Ansprache. Wie sich ein junger Arzt fühlt, der unter dem Druck von Angst in der Notfallambulanz lebenswichtige Entscheidungen trifft, kann man sich lebhaft vorstellen. Die Angst vor Fehlern führt dazu, dass die Betreffenden einen wesentlich schlechteren Zugriff auf ihre Großhirnrinde, also auf ihren Wissensspeicher haben, da ja unter Angst die Fight-or-Flight-Reaktion ausgelöst wird und der Körper vor allem weglaufen oder kämpfen und nicht komplizierte Probleme lösen soll. Damit wird die Wahrscheinlichkeit erheblich vergrößert, wirkliche Fehler zu machen. In einem solch fehlerfeindlichen System werden natürlich alle dafür sorgen, dass ihre Fehler nicht auffallen. Sie werden vertuscht und können somit nicht korrigiert werden. Natürlich kann so aus den gemachten Fehlern auch nicht gelernt werden. Der heroische Chefarzt hat mit seiner Ansage im Grunde die Gefahr für Patienten, in dieser Klinik falsch behandelt zu werden und einen Behandlungsfehler zu erleiden, massiv erhöht. Er selbst wird sich jedoch vermutlich denken, dass er alles Menschenmögliche getan habe, um die Fehlerrate in seiner Klinik zu senken.

Ich habe einige junge Ärzte gecoacht, die unter der großen Last der Verantwortung und unter der Angst, Fehler zu machen, litten. In diesen Fällen half immer, sich voll und ganz auf den Prozess, also die eigentliche Arbeit zu fokussieren und sich sein echtes Alter klarzumachen. Die Angst vor Fehlern ließ sich meist gut mit der Klopftechnik reduzieren, und das Selbstwerttraining half, überzogenen Ansprüchen (eigene und die der anderer) nicht auf den Leim zu gehen.

Einer der großen Pianisten soll einmal gesagt haben, dass Konzertieren nichts anderes sei als öffentliches Üben. Diese Aussage halte ich für sehr wichtig. Sie bedeutet, öffentliche Auftritte können wir nur durch öffentliche Auftritte wirklich üben, alles andere sind Vorübungen, die zwar auch wichtig sind und ihre Berechtigung und Notwendigkeit haben, aber nicht den eigentlichen öffentlichen Auftritt ersetzen können. Manche Redaktionsleiter in Sendern sagen: «Auf dem Sender wird nicht geübt.» Manche Instrumentallehrer sagen das Gleiche bezüglich der Bühne. Das ist natürlich Quatsch und gehört in die Kiste «John Wayne Rhetorik für Auftrittshelden». Diesen Leuten gegenüber sollte man bezüglich eigener Sendungen oder Auftritte unbedingt bedeutungsvoll dreinschauen und dann eben mit vielleicht etwas dramatischer Stimme vom «Ernstfall Sendung» oder

«Ernstfall Auftritt» sprechen. Sich selbst sollte man jedoch erlauben, Auftritte als Übungsfelder für Auftrittskompetenz zu betrachten.

Sich selbst und seinen Auftritt nicht ganz so ernst zu nehmen, kann übrigens wie ein wahres Wundermittel gegen Auftrittsstress wirken. Ihre Inhalte, Ihre Botschaft, die Musik oder das, was Ihnen wirklich wichtig ist mitzuteilen, sollten Sie allerdings verdammt ernst nehmen. Damit rücken Sie die Sache in den Mittelpunkt und nicht sich selbst. Das tut der Sache, Ihnen selbst und den Zuhörern meist sehr gut.

Ich wünsche Ihnen nun abschließend, dass Sie Ihre öffentlichen Auftritte immer mehr genießen können und dass Sie mit möglichen Rückschlägen, Fehlern und Pannen kreativ umgehen. Hauptsache, Sie bleiben dran. Denn wie hat schon der US-amerikanische Automobilindustrielle Henry Ford gesagt:

> «Es gibt mehr Leute, die kapitulieren, als solche, die scheitern.»

Fehler machen gehört dazu. Sehr erfolgreiche Menschen unterscheiden sich von nicht so erfolgreichen Menschen teilweise nur dadurch, dass sie bei Rückschlägen und Fehlern nicht kapituliert haben, sondern dass sie drangeblieben sind und ihre Fehler und Pannen kreativ genutzt haben.

Das Allerwichtigste ist jedoch, dass Sie von Ihrer Sache überzeugt sind und wirklich nur das machen, was Sie begeistert und innerlich erfüllt. Denn «Leidenschaft siegt»[55], egal ob mit oder ohne Lampenfieber. Wer etwas Neues wagt, und jeder öffentliche Auftritt ist im Grunde immer auch ein Stück Neuland, wird es nicht verhindern können, dass ihn das bisweilen aufregt – aber bedenken Sie,

> «Risiko ist die Bugwelle des Erfolgs» (Carl Amery).

Ich wünsche Ihnen alles Gute und vor allem Erfüllung, der Erfolg kommt dann von ganz allein.

Anhang

Dank:

Ohne meine Lehrer und Ausbilder wäre ich nicht das, was ich bin. Ohne sie wäre ich nie so weit in die Materie eingedrungen, wie ich es dank ihrer Unterstützung konnte. Ohne sie hätte folglich dieses Buch auch nicht geschrieben werden können. Deshalb möchte ich an dieser Stelle die Gelegenheit nutzen, mich bei allen meinen Lehrern, Ausbildern und Förderern zu bedanken. Einigen von ihnen möchte ich meinen ganz expliziten Dank aussprechen und sie hier namentlich erwähnen:

* Prof. Dr. Hellmuth Freyberger danke ich für die ersten Einblicke in die systemische Familientherapie und für seine humorvollen Interventionen

* Prof. Dr. Peter Petersen danke ich für die Weit- und Tiefsicht in die menschliche Seele, für seine Warmherzigkeit und für seine persönliche Unterstützung

* Prof. Dr. Heinz Schepank danke ich für seine Begeisterung für mich als jungen Studenten

* Prof. Dr. Bernhard Hofferberth danke ich für seine Milde und seinen Humor, wenn ich mal wieder nicht ganz genau wusste, wo was im Gehirn exakt liegt

* Prof. Dr. Gunther Kruse danke ich für seine lockere Art, mit Patienten zu sprechen, und für die großen Freiräume, die er mir ließ, mich an seiner Klinik zu entwickeln

* Dr. Rosemarie Schwarz und Dipl.-Psych. Ulrich Wilken vom ISS in Hamburg danke ich für die vorzügliche Fortbildung in systemischer Familientherapie und für die Erschließung des Konstruktivismus. Bei ihnen habe ich gelernt, systemisch zu denken

* Dipl.-Psych. Ortwin Meiss danke ich für seine spannende und gute hypnotherapeutische Fortbildung und seine so lehrreichen therapeutischen Geschichten

* Dr. Gunther Schmidt danke ich für die große Freiheit im hypnotherapeutischen Arbeiten und für all seine kreativen und innerlich befreienden Anregungen

* Dr. Brian Alman, Dr. Steven Gilligan und Dr. Jeffrey Zeigg danke ich für die erweiterten Einblicke in die Hypnotherapie nach Milton H. Erickson

* Dr. Volker Warnke danke ich für die so wirksame Selbsterfahrung und die vielen Ermutigungen, meinen ganz eigenen Weg zu gehen

* Prof. Matthias Varga von Kibed danke ich für die faszinierenden Abhandlungen über Philosophie und Psychotherapie und für seine wissenschaftlichen Erklärungen zur Strukturaufstellung

* Dr. Gunthard Weber danke ich für seine warmherzige Art, seinen Humor und seine hilfreiche Unterstützung

* Dr. Albrecht Mahr danke ich für seine Klarheit und Deutlichkeit und somit die Hilfe, wirklich hinzuschauen

* Helmut Eichenmüller danke ich für die persönliche Hilfe und dafür, Einblick haben zu dürfen in seine beeindruckende Arbeitsweise

* Dr. Fred Gallo danke ich für seine warmherzige und humorvolle Art und dafür, dass er mich in die Welt der Energetischen Psychologie eingeführt hat

* Prof. Dr. Eckart Altenmüller von der Hochschule für Musik und Theater in Hannover danke ich für sein Vertrauen und seine Unterstützung, meinen Coachingansatz bei klassischen Musikern und Opernsängern bekannt zu machen

* Prof. Klaus Schuhwerk danke ich für seine Offenheit, seine Unterstützung und seine Experimentierfreude. In seiner Trompetenklasse in Basel und Frankfurt habe ich Wesentliches im Bereich Probespiel-Training entwickeln können

* Dr. Ruth Blaes von der ARD.ZDF medienakademie danke ich, dass sie mir die Möglichkeit gab, mit Journalisten von ARD und ZDF zu arbeiten und somit den Bereich Lampenfieber noch besser zu verstehen. Stefan Robine danke ich, dass er auf meine Arbeit so neugierig war, dass er mich Frau Dr. Blaes vorstellte. Und Frau Blaes danke ich nochmals, dass sie mir Fee Rojas als erfahrene Trainerin für den Workshop an die Seite gab. Damit hat sie einen nicht unwesentlichen Beitrag dazu geleistet, dass Fee und ich nun miteinander verheiratet sind. Hendrik Lünenborg vom NDR danke ich natürlich dafür, dass

er mich auf die Idee gebracht hat, der Zentralen Fortbildung von ARD und ZDF (jetzt ARD.ZDF medienakademie) meine Auftrittsworkshops anzubieten

★ Prof. Gotthard Popp, Tilman Kuttenkeuler und dem Team vom Orchesterzentrum NRW danke ich für die gute Zusammenarbeit und die Möglichkeit, an der europaweit ersten hochschulübergreifenden Ausbildungsstätte für Orchestermusiker den Bereich Auftritts-Coaching und Probespiel-Training mitzugestalten

★ Dr. Thomas Pier, dem Betriebsarzt vom NDR, danke ich für seine Experimentierfreude und Unterstützung hinsichtlich der von mir durchgeführten Orchesterworkshops

★ Schwester Scholastica von der Abtei Frauenwörth auf der Fraueninsel im Chiemsee danke ich für ihre Unterstützung bei der Workshopplanung auf der Fraueninsel und für ihre persönliche Hilfe

★ Mein Dank gilt auch Bernd Gottwald vom Rowohlt Verlag. Die Arbeit mit ihm hat mir vom ersten Telefonat an sehr viel Spaß gemacht. Er hat einen wesentlichen Anteil daran, dass meine Bücher verständlicher und lesbarer geworden sind und dass ich Herausgeber der Rowohlt-Serie «Energetische Psychologie – praktisch» geworden bin

★ Marcus Zimmermann danke ich dafür, dass er die schönsten und ästhetischsten Abbildungen entworfen hat, die ich je in einem Klopfbuch gesehen habe

★ Mein ganz besonderer Dank gilt all jenen Menschen, die mit ihrem persönlichen Anliegen zu mir kamen und die mir durch ihre Offenheit, ihren Mut und ihre Veränderungsbereitschaft gezeigt haben, dass man vieles im Leben zum Guten wenden kann. Sie gehören zu meinen besten Lehrern

★ Auch danken möchte ich den Kolleginnen und Kollegen, die in meine Workshops kamen, um die Energetische Psychologie zu erlernen. Von ihnen und ihren kritischen Nachfragen habe ich enorm viel gelernt. Sie haben mich angeregt, das Konzept der Energetischen Psychologie in Richtung Prozessorientierung weiter zu entwickeln

★ Ganz besonders danken möchte ich meiner Mutter, die mir Ressourcen- und Lösungsorientierung sowie Selbstfürsorglichkeit ganz praktisch vorgelebt hat und von der ich die positive Sicht auf die Menschen, die Zukunft und auf die Welt an sich gelernt habe. Ich bin nach wie vor fasziniert von ihrer *bedingungslos* ressourcenorientierten Grundhaltung und ihrem Gottvertrauen

★ Meiner Frau Fee möchte ich in Liebe dafür danken, dass sie auch dann warmherzig, liebevoll, inspirierend und nachsichtig bleibt, wenn es mit mir manchmal durchgeht und ich mal wieder von einer Sache so sehr begeistert bin, dass ich manch andere Sache aus den Augen zu verlieren drohe. Ohne sie und ihre Unterstützung hätte ich die Bücher, die ich geschrieben habe, nicht schreiben können. Ohne sie wäre mein Leben nicht so reich und erfüllt, wie es ist.

Literatur zum Thema:

Alman, B. M., P. T. Lambrou: Selbsthypnose – ein Handbuch zur Selbsttherapie. Carl-Auer-Systeme, Heidelberg, 1999.

André, C., P. Légeron: Bammel, Panik, Gänsehaut. Die Angst vor den anderen. Aufbau Taschenbuch Verlag, Berlin, 2001.

André, C., F. Lelord: Die Kunst der Selbstachtung. Aufbau Taschenbuch Verlag, Berlin, 2002.

Bartels, A., S. Zeki: Hals über Kopf. Was passiert, wenn man Verliebte zum Hirnscan in den Computertomographen schiebt? in: Gehirn & Geist, Nr. 1, 2007, S. 12–13.

Beushausen, U.: Sicher und frei reden. Sprechängste erfolgreich abbauen. Rowohlt Taschenbuch Verlag, Reinbek bei Hamburg, 2000.

Bohne, M.[56]: Nutzung natürlich auftretender Trancephänomene zur Verbesserung der musikalischen Auftrittsleistung. Ein kompetenz- und lösungsorientiertes Auftritts-Coaching. Musikphysiologie und Musikermedizin, 2002, 9, Nr. 3, S. 99–111.

Bohne, M.: Keine Angst vor dem nächsten Auftritt. new management. Europäische Zeitschrift für Unternehmenswissenschaften und Führungspraxis, Nr. 6, 2003, S. 52–57.

Bohne, M.: Zu der Person werden, die man ist. Das gefühlte Alter bei öffentlichen Auftritten. neue musikzeitung, 11/2003, S. 24.

Bohne, M: Auftrittsängste. Die Geißel der Musiker und ihre «harmonische Auflösung». Das Orchester, 11/2003, S. 8–12.

Bohne, M.: Wenn Angst die Leistung auffrisst. managerSeminare, Heft 81, November/Dezember 2004, S. 81–85.

Bohne, M.: Die Kunst, sein Spiel selbst wert zu schätzen. Von der Selbstentwertung zur Selbstachtung. Das Orchester, 3/2007, S. 18–23.

Bohne, M.: Feng Shui gegen das Gerümpel im Kopf. Blockaden lösen mit Energetischer Psychologie. Rowohlt Taschenbuch Verlag, Reinbek bei Hamburg, 2007.

Bohne, M.: Einführung in die Praxis der energetischen Psychotherapie. Carl Auer Verlag, Heidelberg, erscheint Oktober 2008.

Bohne, M., Chr. T. Eschenröder, C. Wilhelm-Gößling (Hrsg.): Energetische Psychotherapie – integrativ. Hintergründe, Praxis, Wirkhypothesen. DGVT Verlag, Tübingen, 2006.

Branden, N.: «Die sechs Säulen des Selbstwertgefühls», Serie Piper, 2003.

Büntig, W.: Beachtung – ein menschliches Grundbedürfnis. Onlineartikel unter: http://www.zist.de/arbeit/frameset_artikel.html, 26. 08. 2007.

Burzik, A.: Üben im Flow. Musikphysiologie und Musikermedizin, 2002, 9, Nr. 3, S. 112–122.

Ciompi, L.: Affektlogik. Über die Struktur der Psyche und ihre Entwicklung. Ein Beitrag zur Schizophrenieforschung. Klett-Cotta, Stuttgart, 1998.

Ciompi, L.: Die emotionalen Grundlagen des Denkens. Entwurf einer fraktalen Affektlogik. Sammlung Vandenhoeck. Vandenhoeck & Ruprecht, Göttingen, 1999.

Csikszentmihalyi, M.: «Das Flow-Erlebnis». Klett-Cotta, Stuttgart, 2000.

Csikszentmihalyi, M.: Flow im Beruf. Das Geheimnis des Glücks am Arbeitsplatz. Klett-Cotta, Stuttgart, 2004.

Elias, J., K. Ketcham: Traditionelle Chinesische Medizin. Selbstheilung mit den fünf Elementen. Das Standardwerk der chinesischen Heilkunde. Scherz Verlag bei S. Fischer, Frankfurt am Main, 2004.

Eschenröder, C. T.: Selbstsicher in die Prüfung. CIP-Medien, München, 2002.

Gallo, F.P.: Energetische Psychotherapie, VAK Verlag, Kirchzarten, 2000.

Gallo, F.P.: Handbuch Energetischer Psychotherapie. VAK Verlag, Kirchzarten, 2002.

Gallo, F.P., H. Vincenzi: gelöst, entlastet, befreit. Klopfakupressur bei emotionalem Stress. VAK Verlag, Kirchzarten, 2001.

Gallo, F. (Hrsg.): Energy Psychology in Psychotherapy: A Comprehensive Source Book. W.W. Norton & Company, New-York/London, 2002.

Grossarth-Maticek, R.: Autonomietraining. Gesundheit und Problemlösung durch Anregung der Selbstregulation. De Gruyter Verlag, Berlin, 2000.

Hartmann, S.: Emotionale Freiheit. VAK Verlag, Kirchzarten bei Freiburg, 2001.

Havas, K.: Lampenfieber. Ursachen und Überwindung. Bosworth Edition, Köln, 1989.

Hempen, C.-H.: dtv-Atlas Akupunktur. Deutscher Taschenbuch Verlag, München, 2001.

Hoffmann, E.: Weniger Stress erleben. Wirksames Selbstmanagement-Training für Führungskräfte. Luchterhand Verlag, Neuwied, 2001.

Hoffmann, E.: Professionell Präsentieren. Wie Manager selbstsicher und stressfrei vor Gruppen sprechen. Luchterhand Verlag, Neuwied/Kriftel, 2001.

Klein, S.: Die Glücksformel, Rowohlt Verlag, Reinbek bei Hamburg, 2002.

Kluge, F.: Etymologisches Wörterbuch der deutschen Sprache. De Gruyter Verlag, Berlin, 1999.

Köthe, M.: Leidenschaft siegt. Von den Besten lernen: Prominente verraten ihr Erfolgsgeheimnis. Kösel Verlag, München, 2006.

Krawehl, I., E. Altenmüller: Lampenfieber unter Musikstudenten: Häufigkeit, Ausprägung und «heimliche Theorien». Musikphysiologie und Musikermedizin 2000, 7, Nr. 4, 173–182.

Mantel, G.: Mut zum Lampenfieber. Schott Musik International, Mainz, 2003.

Metzig, W., M. Schuster: Prüfungsangst und Lampenfieber. Bewertungssituationen vorbereiten und meistern. Springer Verlag, Berlin, 1997.

Möller, H.: Lampenfieber und Aufführungsängste sind nicht dasselbe! Musikphysiologie und Musikermedizin 1999, 6, Nr. 2, 33–41.

Mornell, A.: Lampenfieber und Angst bei ausübenden Musikern. Schriften zur Musikpsychologie und Musikästhetik, 14, Peter Lang Verlag, Europäischer Verlag der Wissenschaft, Frankfurt am Main, 2002.

Morschitzky, H.: Angststörungen, Diagnostik, Konzepte, Therapie, Selbsthilfe. Springer Verlag, Wien, 2002.

Morschitzky, H., S. Sator: Die zehn Gesichter der Angst. Ein Selbsthilfe-Programm in 7 Schritten. Walter Verlag, Düsseldorf, 2002.

Müller, J. V.: Den Geist verwurzeln. Die Namen der Akupunkturpunkte als Bindestrich der Psycho-Somatik. Verlag Müller & Steinicke, München, 2001.

Neumann, R., A. Rose: Souverän vor Publikum. Redline Wirtschaft bei verlag moderne industrie, München, 2003.

Plaut, E.: Psychotherapy of Performance Anxiety. Medical Problems of Performing Artists 13: 1988, 113–118.

Plaut, E.: Die psychotherapeutische Behandlung der Aufführungsangst. Musikphysiologie und Musikermedizin, 1999, 6, Nr.2, 42–47.

Rossi, E. L.: 20 Minuten Pause, Junfermann Verlag, Paderborn, 1997.

Rothlin, P., P. R. Werder: Diagnose Boreout. Warum Unterforderung im Job krank macht. Redline Wirtschaft, Heidelberg, 2007.

Rüegg, J. C.: Psychosomatik, Psychotherapie und Gehirn. Neuronale Plastizität als Grundlage einer biopsychosozialen Medizin. Schattauer Verlag, Stuttgart, 2003, S. 1.

Ryan, Ch.: Exploring Musical Performance Anxiety in Children. Medical Problems of Performing Artists 13: 1998, 83–88.

Schuppert, M., E. Altenmüller: Berufsspezifische Erkrankungen bei Musikern. Versicherungsmedizin 1999, 1;51(4):173–9.

Spitzer, M.: Geist im Netz. Modelle für Lernen, Denken und Handeln. Spektrum Akademischer Verlag, Heidelberg, 1996.

Tarr Krüger, I.: Lampenfieber. Ursachen, Wirkung, Therapie. Kreuz Verlag, Stuttgart, 1993.

Tarr Krüger, I.: Die magische Kraft der Beachtung. Sehen und gesehen werden. Herder Verlag, Freiburg im Breisgau, 2001.

Tarr, I.: Vom Lampenfieber zur kreativen Energie, Kreuz Verlag, Stuttgart, 2003. Unbearbeitete Neuauflage des Buches von 1993.

Thomas, C.: Willi, kannste mich hören. vgs Verlagsgesellschaft Köln, 1994, S. 48–49.

Wagner-Link, A.: Verhaltenstraining zur Stressbewältigung. Arbeitsbuch für Therapeuten und Trainer. Leben lernen. Pfeiffer bei Klett-Cotta, Stuttgart, 1995.

Wilhelm-Gößling C.: Wirkhypothesen Energetischer Psychotherapie. In: Bohne, M., Chr. T. Eschenröder; C. Wilhelm-Gößling (Hrsg.): Energetische Psychotherapie – integrativ. Hintergründe, Praxis, Wirkhypothesen. DGVT Verlag, Tübingen, 2006, S. 76/77.

Zurhorst, E.-M.: Liebe dich selbst und es ist egal, wen du heiratest. Goldmann, München, 2004.

Anmerkungen:

1 Laut Plaut (1988) sind es 80 Prozent.

2 siehe z. B. Morschinsky (2002, S. 79–88)

3 Manchen Menschen helfen z. B. körperorientierte Verfahren sehr gut, wie z. B. Yoga, Autogenes Training, Alexander-Technik, Feldenkrais-Technik, Atem- und Stimmtraining, Rhetorikschulung, Kamera- und Interviewtrainings etc.

4 Mehr dazu, was in einem Auftritts-Coaching beachtet werden sollte und was ein Auftritts-Coach können sollte, finden Sie auch unter Bohne (2004).

5 meist Beta-Blocker, Baldrian, Benzodiazepine und Antidepressiva

6 Peter Frei, Das Jahr des Dopings. Politisches Feuilleton vom 30. 10. 2004 in Deutschlandradio Kultur

7 aus http://www.dahlke.at/aktuelles/aktuelles1.php, 25. 08. 2007

8 «Vor der Klausur zur Urinprobe. Der Hirnforscher Stephan Schleim über Doping bei Prüfungen». Interview von Alexandra Busse. Die ZeitChancen, Oktober 2007, S. 14.

9 Wer mit diesen Substanzen bereits Probleme hat oder sie sich nicht mehr abgewöhnen kann, sollte sich in qualifizierte ärztliche Behandlung begeben. Qualifiziert heißt hier, auch psychotherapeutische Behandlung zu nutzen, da Suchtmittelmissbrauch und Abhängigkeit psychiatrische Probleme darstellen, die man u. a. mittels einer qualifizierten Psychotherapie angehen sollte.

10 aus http://www.didaktik.uni-jena.de/did_04/humboldt.htm, 25. 08. 2007

11 aus Kluge (1999, S. 501)

12 Vom ZIST in Penzberg. ZIST ist ein Zentrum für die persönliche und berufliche Fortbildung in potenzialorientierter Selbsterfahrung und Psychotherapie.

13 Büntig (2007)

14 Jene Akupunkturpunkte, die sich bei Klopfen aller Punkte als besonders angenehm herauskristallisierten.

15 mehr hierzu siehe Grossarth-Maticek (2000)

16 aus Möller (1999)

17 Schuppert und Altenmüller (1999)

18 siehe auch Burzik (2002)

19 Csikszentmihalyi (2004)

20 zur Unterforderungsproblematik siehe auch: Rothlin und Werder (2007)

21 Csikszentmihalyi (2004)

22 Rüegg (2003)

23 Spitzer (1996)

24 Spitzer (1996)

25 Thomas (1994)

26 siehe auch: Bohne (2002), Morschitzky (2002), Rüegg (2003)

27 siehe auch Bohne (2003)

28 VW Coaching Gesellschaft. Informationsbroschüre.

29 siehe Spiegel, 43/2007 vom 22. 10. 2007. «Im Kopf zum Sieg. Hypnose statt Doping». Zu bestellen unter: http://service.spiegel.de/digas/find?DID=53364588 oder Radiointerview mit Michael Bohne im Sportgespräch des Deutschlandfunks, am 28. 10. 2007, 23.30–23.59 Uhr. Zu hören unter: http://www.dradio.de/aod/html/ ?mod=aod&station=1&day=28&month=10&year=2007&ACTION_DATE=Suchen

30 siehe z. B. Ciompi (1998) und Ciompi (1999)

31 Auch wenn dies wissenschaftlich noch nicht bestätigt ist. Erste Studien zeigen jedoch in den Untersuchungen, dass die Energetische Psychologie sehr wirksam ist.

32 Zur Wirksamkeit der Energetischen Psychologie siehe auch Bohne/Eschenröder/Wilhelm-Gößling (2006) und Bohne (2007), sowie Bohne (2008).

33 Dieser Text ist aus dem Ausschreibungstext für Workshops in Prozessorientierter Energetischer Psychologie am Fortbildungsinstitut Dr. Michael Bohne entnommen.

34 siehe vor allem Bohne (2007), Bohne (2008) und Bohne/Eschenröder/Wilhelm-Gößling (2006)

35 Dieses Kapitel entspricht in den Grundzügen der Entrümpelungsanleitung meines Buches Feng Shui gegen das Gerümpel im Kopf. Blockaden lösen mit Energetischer Psychologie, welches auch im Rowohlt Verlag erschienen ist.

36 siehe Wilhelm-Gößling C. (2006)

37 Der Selbstakzeptanzpunkt entspricht dem Wunden Punkt bzw. dem «sore spot», dies ist ein «neuro-lymphatischer Reflexpunkt».

38 Bartels und Zeki (2007)

39 z. B. Hempen (2001) oder Müller (2001)

40 Emotionale Zustände lassen sich also vor allem dann gut verändern, wenn sie gerade aktiviert sind, man also das negative Gefühl wirklich spürt. Verdrängung und Vermeidung hingegen konservieren und verstärken die Probleme meist noch. Oft vermeiden wir die negativen Gefühle, da sie uns ja unangenehm sind. Um nun gut in das negative Erleben zu kommen, sollte man sich folgende Fragen stellen. Es genügt übrigens, wenn der Stress auf einer Skala von 0 bis 10 so zwischen 5 und 8 liegt.

41 siehe in Gallo (2000)

42 zur Bedeutung der einzelnen Akupunkturpunkte siehe auch Müller (2001)

43 siehe auch Elias und Ketcham (2004)

44 Bohne (2007)

45 Die verfremdeten Beispiele stammen aus verschiedenen Auftritts-Coachings von Menschen aus unterschiedlichen Professionen.

46 Bei Kindern ist das anders. Es kann sich nur eine gute Selbstbeziehung und ein hohes Selbstwertgefühl entwickeln, wenn wir die Erfahrung machen, von anderen Menschen gesehen, geachtet, wertgeschätzt und geliebt zu werden. Ohne die anderen sind wir als Kinder nicht überlebensfähig, auch emotional nicht.

47 aus der Energetischen Psychologie

48 siehe unter: http://www.faz.net/f30/common/Suchergebnis.aspx?term=+Britta+Steffen+und+-Muskeltest&allchk=1&x=11&y=12

49 Dezidierte Entrümpelungsanleitungen finden Sie in dem Buch: Bohne, M: Feng Shui gegen das Gerümpel im Kopf. Blockaden lösen mit Energetischer Psychologie.

50 siehe auch Bohne (2003, new management)

51 siehe auch Buddhismus oder Stefan Klein oder Mihaly Csikszentmihalyi

52 siehe ausführlich hierzu Bohne (2002)

53 siehe auch Bohne (2003, neue musikzeitung)

54 Mantel (2003)

55 siehe auch das hervorragende Buch von Köthe (2006)

56 Die Artikel von Michael Bohne können alle von der Homepage www.dr-michael-bohne.de unter «Publikationen» heruntergeladen werden. Ferner finden Sie Pressestimmen, Interviews und Live-Demonstrationen auf dieser Seite.